絵《え》を見《み》ながら、まちがっているかたかなを一《ひと》つずつ見《み》つけよう。
まちがっているところに○をつけて、□に正《ただ》しく書《か》こう。

〈れい〉
1 (ワ)ッキー → ク

2 ドーナシ → □

3 プソン → □

4 ナロン → □

5 アイスタリーム → □

かたかなは、物音《ものおと》や動物《どうぶつ》の鳴《な》き声《ごえ》を表《あらわ》すとき、外国《がいこく》のことばや人《ひと》・国《くに》などの名前《なまえ》を書《か》くときに使《つか》うよ。

できたら天才《てんさい》!

Ⓐ Ⓘ Ⓤ は、だれが話《はな》していることばかな。「レン」「ナナ」「お母《かあ》さん」の三人《さんにん》からえらんで書《か》こう。

レンが学校《がっこう》から帰《かえ》ってくると、妹《いもうと》のナナのひざに、ばんそうこうがはってあった。

あ「それ、どうしたの。」

と、レンがきいた。

ナナは、

「さっき、ころんじゃった。まだ少《すこ》し、いたいんだ。」

と言《い》って、ひざをさすった。

レンは、

い「いたいの、いたいの、とんでいけ。とおくのお山《やま》に、とんでいけ。」

と、大《おお》きな声《こえ》でとなえてから、わらった。

う「それ、さっき、お母《かあ》さんも言《い》ってくれたよ。」

と言《い》って、ナナもわらった。

あ [　　　]

い [　　　]

う [　　　]

「言《い》う」「話《はな》す」「聞《き》く」「さけぶ」など、話《はな》したり聞《き》いたりすることに関係《かんけい》することばを見《み》つけて、それをしているのが「だれ」なのかを探《さが》すといいよ。

できたら天才《てんさい》！

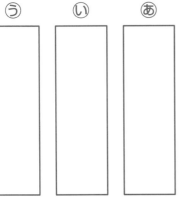

文《ぶん》しょうを読《よ》んで、二《ふた》つのもんだいに答《こた》えよう。

かばが、くまの家《いえ》にやってきました。

「くまさん、あそぼう。」

くまは、ざんねんそうに言《い》いました。

「きょうは、おしごとがあるから、あそべないんだ。ごめんね。」

Ⓐかばは、下《した》をむいて、

「ふうん。」

とだけ言《い》いました。

くまは、

「あしたは、ようじがないから、いっしょにあそぼう。やくそくね。」

と言《い》って、Ⓘかばの頭《あたま》をやさしくなでました。

「うん。きっとだよ。」

かばは、にっこりわらいました。

1 Ⓐは、かばのどんな気《き》もちをあらわしているかな。

1 つまらない　2 うれしい　3 めんどうだ

□

2 Ⓘは、くまのどんな気《き》もちをあらわしているかな。

1 かばが、きらい　2 かばが、おもしろい　3 かばが、かわいい

□

どんな気《き》持《も》ちのときに「下《した》をむいて」しまうかな。人《ひと》を「やさしくなでる」のは、どんな気《き》持《も》ちでするかな。

できたら天才《てんさい》!

○に、同《おな》じなかまのことばが入《はい》っているよ。それぞれのなかまをあらわすことばを見《み》つけて、線《せん》でつなげよう。

にほんばれ
ふぶき　こがらし
どしゃぶり

にのうで
かかと　わきばら
くるぶし

まじめ
しょうじき　すなお
きちょうめん

人《ひと》のせいかく

天気《てんき》

体《からだ》のぶぶん

同《おな》じ仲間《なかま》にまとめると、たくさんのことばを知《し》って覚《おぼ》えることができるね。

プラス1の4+

図書《としょ》かんへ行《い》こう

学校《がっこう》や地《ち》いきの図書《としょ》かんで、本《ほん》をさがそう。

図書《としょ》かんの本《ほん》には、シールがはってあるね。シールには、本《ほん》をなかまごとに分《わ》けるための、数字《すうじ》や文字《もじ》が書《か》かれているよ。

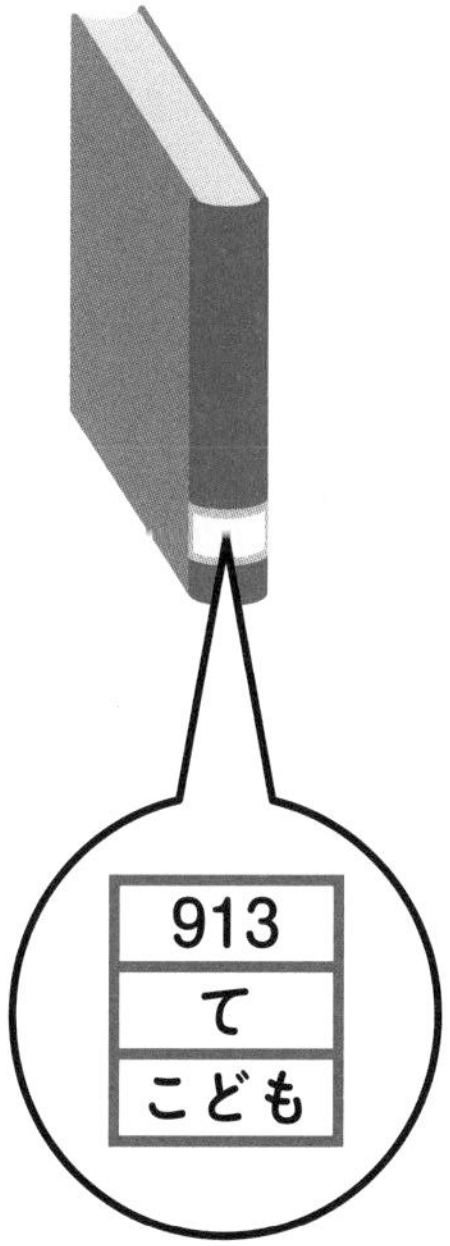

※図書《としょ》かんによっては、この形《かたち》でないところもあります。

◆あなたの読《よ》みたい本《ほん》を、図書《としょ》かんでさがして、シールの数字《すうじ》や文字《もじ》を書《か》こう。

だいめい	シール
〈れい〉王《おう》さま ゆめのひまわり	913 て こども

◆つぎのしゅるいの本《ほん》を、図書《としょ》かんでさがして、シールの数字《すうじ》や文字《もじ》を書《か》こう。

しゅるい	シール
こん虫《ちゅう》ずかん	
ことわざじてん	
おかしの作《つく》り方《かた》	

物語《ものがたり》や詩《し》の本《ほん》は、9から始《はじ》まる数字《すうじ》がついているよ。
あなたの好《す》きな本《ほん》は、どんな数字《すうじ》がついているかな。

ランク1の5　にているいみのことば

[　　]のことばと、にているいみのことばを、◯でかこもう。

〈れい〉

1 コウタが **[わらう]**。（一《ひと》つえらぶ）

ころぶ　(ほほえむ)　なく　どなる

2 雨《あめ》が **[少《すこ》し]** ふった。（一《ひと》つえらぶ）

しっかり　がっかり　ちょっと　たくさん

3 大《おお》きな声《こえ》で **[言《い》う]**。（二《ふた》つえらぶ）

しゃべる　食《た》べる　話《はな》す　思《おも》う

4 かたつむりが **[のんびり]** すすむ。（二《ふた》つえらぶ）

たっぷり　くるくる　ゆったり　ゆっくり

ことばの意味《いみ》がわからないときは、国語辞典《こくごじてん》で調《しら》べてみよう。

ランク1の6

はんたいのいみのことば

はんたいのいみになることばどうしを、線《せん》でつなげよう。

ふえる	のびる	当《あ》たる	かたい	近《ちか》づく
ちぢむ	やわらかい	へる	遠《とお》ざかる	外《はず》れる

少《すこ》し難《むずか》しいことばもあるけど、漢字《かんじ》がヒントになるかもしれないね。

できたら天才《てんさい》！

ランク1の7

「とい」と「答《こた》え」

「とい（しつもん）」の文《ぶん》があるだんらく一《ひと》つと、「答《こた》え」の文《ぶん》があるだんらく三《みっ》つを、それぞれ数字《すうじ》で答《こた》えよう。

1 春《はる》から夏《なつ》にかけて、野原《のはら》や林《はやし》では、たくさんの生《い》きものが見《み》られます。

2 かぶとむしやとんぼなど、むねから六本《ろっぽん》のあしが生《は》えている生《い》きものを、「こん虫《ちゅう》」とよびます。

3 では、こん虫《ちゅう》は、ほかにどのようなものがいるのでしょうか。そして、どのように生活《せいかつ》しているのでしょうか。

4 もんしろちょうは、白《しろ》くやわらかいはねをもっています。花《はな》の間《あいだ》をとび回《まわ》り、みつをすいます。

5 とのさまばったは、あしの力《ちから》が強《つよ》く、やく一《いち》メートルもジャンプします。草原《そうげん》にすんでいて、草《くさ》のはを食《た》べます。

6 こがねむしは、体《からだ》がかたく、つやつやしています。くぬぎや、さくらなどの木《き》のはを食《た》べてくらしています。

「とい」のだんらくは □

「答《こた》え」のだんらくは □ □ □

「問《と》い（質問《しつもん》）」の段落《だんらく》には、「〜でしょうか」「〜だろうか」のような、問《と》いかけの形《かたち》の文《ぶん》があるよ。

できたら天才《てんさい》！

ようすをあらわすことば

ようすをあらわすことばを、□からえらんで書《か》こう。

1 ジャックがうえたまめは、（いきおいがよいようす）□大《おお》きくなります。

2 ヘンゼルとグレーテルは、のどが□（かわいているようす）でした。

3 おやゆびひめが□（しずかにねむるようす）ねむっています。

4 たいようが□（強《つよ》くかがやくようす）てりつけると、たび人《びと》は、とうとうコートをぬいでしまいました。

ぎらぎら・すやすや・からから・ぐんぐん

ようすを表《あらわ》すことばを「擬態語《ぎたいご》」と言《い》うよ。音《おと》を表《あらわ》すことば「擬声語《ぎせいご》（擬音語《ぎおんご》）」と合《あ》わせて、「オノマトペ」と言《い》うんだ。

できたら天才《てんさい》！

この文《ぶん》しょうは、何《なに》について書《か》かれているかな。
文《ぶん》しょうの中《なか》にあることばをつかって、二文字《にもじ》で答《こた》えよう。

雨《あめ》が上《あ》がったとき、たいようの光《ひかり》がさすと、にじが空《そら》にあらわれることがあります。

にじは、空気中《くうきちゅう》にのこっている雨《あめ》のつぶに、たいようの光《ひかり》が当《あ》たって、きれいな色《いろ》の「わ」になって見《み》えるものです。

にじは、何色《なんしょく》あるでしょうか。

日本《にほん》では、赤《あか》・だいだい・黄《き》・みどり・青《あお》・あい・むらさきの七色《なないろしょく》だと答《こた》える人《ひと》が多《おお》いでしょう。

ところが、世界《せかい》のいろいろな国《くに》で聞《き》いてみると、六色《ろくしょく》や五色《ごしょく》だと答《こた》える人《ひと》もたくさんいます。

世界《せかい》じゅうのどんなところでも、にじは同《おな》じように見《み》えるのに、人《ひと》によって答《こた》える色《いろ》の数《かず》がちがうのは、おもしろいですね。

□□**について書《か》かれている。**

文章《ぶんしょう》の中心《ちゅうしん》となる事柄《ことがら》を、「話題《わだい》」と言《い》うよ。題名《だいめい》や、主語《しゅご》（「○○は」「○○が」などとなることば）をよく見《み》ると、話題《わだい》がわかるよ。

できたら天才《てんさい》！

みんなが話《はな》し合《あ》いをしているよ。何《なに》について話《はな》しているかな。文《ぶん》しょうからぬき出《だ》そう。

「それでは、いけんをはっぴょうしてください。」

「ぼくは、パンジーがすきだから、花《か》だんにうえるのはパンジーがいいな。」

「わたしは、パンジーよりもチューリップのほうがすきだけど。」

「すきな花《はな》は、みんなちがうと思《おも》うよ。」

「そうか。クラスの花《か》だんだから、じぶんだけがすきな花《はな》をえらんだらいけないね。」

「クラスのみんなにすきな花《はな》を聞《き》いて、いちばんすきな人《ひと》が多《おお》かった花《はな》を、花《か》だんにうえるのはどうかな。」

クラスの□□□に□□る

□のことを話《はな》し合《あ》っている。

話題《わだい》が何《なに》かを見《み》つけるときは、くり返《かえ》し出《で》てくることばを探《さが》してみよう。

できたら天才《てんさい》！

ランク 1の11

「とうじょう人《じん》ぶつ」と「中心人《ちゅうしんじん》ぶつ」

この文《ぶん》しょうのとうじょう人《じん》ぶつ（お話《はなし》に出《で》てくる人《ひと》やどうぶつ）をさがして、四人《よにん》書《か》こう。また、そのうち、中心人《ちゅうしんじん》ぶつ（お話《はなし》の中心《ちゅうしん》になる人《ひと》やどうぶつ）をさがして、一人《ひとり》書《か》こう。


むかし、あるところに三人兄弟《さんにんきょうだい》がいました。

いちばん上《うえ》の兄《あに》のハンスが言《い》いました。

「カールは、本当《ほんとう》にもの知《し》りだなあ。おれたち兄弟《きょうだい》のほこりだ。」

「ハンス兄《にい》さんの作《つく》るパンだって、村《むら》じゅうのひょうばんじゃないか。」

つぎの兄《あに》のカールは答《こた》えました。

「ああ。」

いちばん下《した》の弟《おとうと》は、クルトです。クルトは、二人《ふたり》の話《はなし》を聞《き》きながら、
と、こっそりためいきをつきました。

「兄《にい》さんたちはすごいなあ。それにくらべて、わたしは何《なん》のとくぎもない。」

そのとき、足《あし》もとから声《こえ》がしました。

「そんなことはありませんよ。」

クルトが下《した》を見《み》ると、かい犬《いぬ》のレオがすわっています。なんと、話《はな》しかけてきたのはレオでした。

「あなたは、歌《うた》を歌《うた》うのがとてもじょうずではありませんか。」

とうじょう人《じん》ぶつは

中心人《ちゅうしんじん》ぶつは

登場人物《とうじょうじんぶつ》のうち、物語《ものがたり》（お話《はなし》）の中心《ちゅうしん》になっている人物《じんぶつ》のことを、「中心人物《ちゅうしんじんぶつ》」と言《い》うよ。気持《きも》ちや、心《こころ》の動《うご》きについて書《か》かれている人《ひと》に注目《ちゅうもく》してみよう。

できたら天才《てんさい》！

もし、中心人《ちゅうしんじん》ぶつだったら

もし、物語《ものがたり》の中心人《ちゅうしんじん》ぶつになったら、何《なに》をしてみたいかな。「もし、○○だったら、□□するのに。」の形《かたち》で、じゆうにそうぞうして書《か》こう。

〈れい〉

もし、わたしが「ももたろう」だったら、ゴリラと、おおかみと、コンドルをけらいにするのに。

もし、　　だったら、　　のに。

もし、　　だったら、　　のに。

物語《ものがたり》の中心人物《ちゅうしんじんぶつ》には、いろんな人《ひと》がいるね。とても強《つよ》い人《ひと》、力《ちから》は弱《よわ》いけどやさしい人《ひと》、ちょっといじわるな人《ひと》など。あなたなら、どんな中心人物《ちゅうしんじんぶつ》になってみたいかな。

できたら天才《てんさい》！

文《ぶん》しょうを読《よ》んで、「十時《じゅうじ》に、店《みせ》にいたおきゃくさん」と、「二時《にじ》に、店《みせ》にいたおきゃくさん」を、それぞれ書《か》こう。

エイコさんがカフェをひらくじゅんびをしていると、やって来《き》たのはパンダでした。パンダはこうして、毎日《まいにち》、一番《いちばん》に来《く》るのを楽《たの》しみにしているのです。

エイコさんのカフェは、十時《じゅうじ》にひらきます。ひらいて三十分《さんじっぷん》ほどたったころ、キリンが来《き》ました。しずかにコーヒーをのんで、一時間《いちじかん》くらいで帰《かえ》りました。

十二時《じゅうにじ》ごろは、とてもこみあう時間《じかん》です。どっとおきゃくさんが来《き》ました。ヤギがピラフを、ゾウがカレーを、ライオンがハンバーグをたのみました。ヤギはいそいで食《た》べて、いそいで帰《かえ》りました。パンダはサンドイッチをゆっくり食《た》べると、一時《いちじ》ごろに帰《かえ》っていきました。ゾウとライオンは、食後《しょくご》のお茶《ちゃ》をのみながら、のんびりしゃべっています。

時計《とけい》が二時《にじ》を知《し》らせる少《すこ》し前《まえ》に、カバが来《き》て、ジュースとケーキをたのみました。

十時《じゅうじ》に、店《みせ》にいたおきゃくさん

二時《にじ》に、店《みせ》にいたおきゃくさん

登場人物《とうじょうじんぶつ》を○でかこんで整理《せいり》してみよう。エイコさんは「お客《きゃく》さん」ではないところにも注意《ちゅうい》してね。

できたら天才《てんさい》！

文《ぶん》しょうを読《よ》んで、四《よっ》つのもんだいに答《こた》えよう。

①「だめだ、だめだ。いくらたのまれても、この魚《さかな》はやらない。
おれが魚《さかな》をとっている間《あいだ》、おまえは何《なに》もしていなかっただろう。
それで魚《さかな》をほしがるのは、ずうずうしいぞ。」
②とらは、子《こ》ぎつねをおいはらうように、足《あし》をどんと鳴《な》らしました。
③子《こ》ぎつねは、かわいい手《て》を合《あ》わせて、ひっしにたのみました。
④「どうか、一《いっ》ぴきだけ、魚《さかな》をわけてください。
きのうから何《なに》も食《た》べていなくて、おなかがぺこぺこなんです。」
⑤それを聞《き》いて、とらは、少《すこ》しだけ、子《こ》ぎつねがかわいそうになりました。
⑥とらも、おなかがすくのがつらいことは知《し》っていたからです。

1 とらの、「はじめの気《き》もち」は、どちらかな。

1 子《こ》ぎつねは、ずうずうしい。　2 子《こ》ぎつねは、かわいい。

□

2 とらの、「おわりの気《き》もち」は、どちらかな。

1 子《こ》ぎつねは、かわいい。　2 子《こ》ぎつねは、かわいそう。

□

3 とらの気《き》もちがかわった「りゆう」が書《か》かれているのは、①〜⑥のどの文《ぶん》かな。

□

4 とらの気《き》もちがかわったきっかけは、①〜⑥のどの文《ぶん》からわかるかな。

□

3は、「なぜかというと」「〜（だ）から」「〜（な）ので」のような理由《りゆう》を表《あらわ》すことばを探《さが》してみよう。

文《ぶん》しょうを読《よ》んで、四《よっ》つのもんだいに答《こた》えよう。

まど（春《はる》）

もりやま みやこ

うさぎの子《こ》が、すみれの花《はな》をつんで、学校《がっこう》へもってきました。りすの子《こ》は、しっぽの先《さき》にちょうちょをとまらせて、教室《きょうしつ》へ入《はい》ってきました。

たぬきの子《こ》は、おべんとうによもぎだんごをもってきました。

あ「春《はる》が来《き》たのね。」

ひつじ先生《せんせい》が、にこにこして言《い》いました。

すると、きつねの子《こ》が、

「ぼくのところは、まだ冬《ふゆ》です。まわりに雪《ゆき》がのこっています。」

つまらなそうな顔《かお》をして、言《い》いました。

「きつねくんのおうちは、山《やま》の中《なか》だから、春《はる》が来《く》るのがおそいのね。でも、もうすぐあたたかになりますよ。」

先生《せんせい》は、黒《こく》ばんに「春《はる》」と書《か》きながら言《い》いました。

学校《がっこう》から帰《かえ》ると、きつねの子《こ》は、うちのまわりを歩《ある》いてみました。花《はな》もさいていなければ、ちょうちょのすがたも見《み》えません。足《あし》もとの雪《ゆき》もそのままです。

と、雪《ゆき》の下《した》から、赤《あか》いものがちらりと見《み》えました。雪《ゆき》をかきわけると、赤《あか》いボールが出《で》てきました。冬《ふゆ》のはじめに見《み》うしなった、きつねの子《こ》のボールでした。

い「ここにあったのか。きのうは見《み》えなかったから、雪《ゆき》が少《すこ》しとけたんだ。」

うきつねの子《こ》は、うちへかけこむと、

「お母《かあ》さん、春《はる》が来《き》てるよ。」

大声《おおごえ》でさけびました。

「ええ、ええ、春《はる》は来《き》てますとも。」

お母《かあ》さんは、北《きた》がわのまどをあ

↖左上《ひだりうえ》につづくよ。

けながら言《い》いました。
「ほら、あけはなしてもさむくないでしょ。」
「うん、もう風《かぜ》が来《こ》ないね。」
㋓きつねの子《こ》は、赤《あか》いボールにほおずりをすると、「春《はる》が来《き》た、春《はる》が来《き》た。」と、歌《うた》いだしました。

もりやま みやこ『もりやまみやこ童話選3』（ポプラ社）より
表記等を一部変更

1 ㋐と㋑は、だれのことばかな。

㋐ ＿＿＿＿

㋑ ＿＿＿＿

2 ㋒は、きつねの子《こ》のどんな気《き》もちをあらわしているかな。

1 ボールが見《み》つかったことを、お母《かあ》さんに早《はや》く教《おし》えたい。
2 春《はる》が来《き》ていることを、お母《かあ》さんに早《はや》く教《おし》えたい。
3 雪《ゆき》が少《すこ》しとけていることを、お母《かあ》さんに早《はや》く教《おし》えたい。

□

3 ㋓は、きつねの子《こ》のどんな気《き》もちをあらわしているかな。

1 おどろいている
2 はずかしい
3 うれしい

□

4 このお話《はなし》のはじめとおわりで、きつねの子《こ》が、どのようにかわったかを図《ず》にまとめたよ。㋔㋕㋖に入《はい》ることばは、何《なに》かな。文《ぶん》しょうから見《み》つけて、ぬき出《だ》そう。

きつねの子《こ》
「ぼくのところは、まだ冬《ふゆ》です。まわりに雪《ゆき》がのこっています。」
（㋔）顔《かお》をしていました。

↓

雪《ゆき》をかきわけると、（㋕）ボールが出《で》てきました。

↓

きつねの子《こ》
（㋕）ボールにほおずりをすると、
「春《はる》が来《き》た、春《はる》が来《き》た。」
と（㋖）。

㋔ ＿＿＿＿

㋕ ＿＿＿＿

㋖ ＿＿＿＿

よもぎだんごは、よもぎという草《くさ》の、春《はる》に出《で》るやわらかい葉《は》を使《つか》って作《つく》るおだんごだよ。

できたら天才《てんさい》！

つぎの詩《し》を、声《こえ》に出《だ》して読《よ》んでみよう。

まけじダマシイの歌《うた》

やなせ たかし

ボクにもあるぞ
タマシイが
そいつはまけじダマシイだ
まけちゃいけない
つらいことに
フシアワセにも
涙《なみだ》にも
このタマシイで
たたかうんだ

ちっぽけだけど
ボクの胸《むね》の中《なか》で
もえているんだ
その火《ひ》はいつもいつも
もえているんだ

やなせ たかし『やなせたかし全詩集』（北溟社）より

口《くち》の形《かたち》をたしかめよう

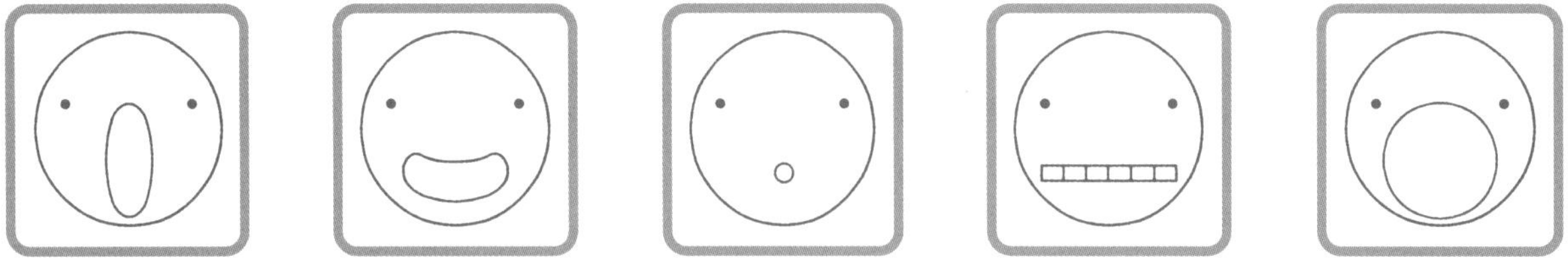

〈あ〉　〈い〉　〈う〉　〈え〉　〈お〉

やなせたかしさんは、絵本《えほん》『アンパンマン』を書《か》いたり、「手《て》のひらを太陽《たいよう》に」の歌詞《かし》をつくったりした人《ひと》だよ。

認定証
ランク1

殿

あなたを
「この1冊で身につく！２年生の国語読解力」
ランク1と認定します。
ここにその努力をたたえ、
認定証を授与します。
これからも言葉や文章にふれることを楽しみ、
読解力を伸ばしましょう！

年　月　日

筑波大学附属小学校
白坂洋一

たいへん
よくでき
ました。

人《ひと》の、せいかく（その人《ひと》の行《おこな》いからわかるとくちょう）をあらわすことばが、三《みっ》つあるよ。◯で、かこもう。

いさましい

そそっかしい

まずしい

なつかしい

せまくるしい

おとなしい

くわしい

「兄《にい》さんは、とても□せいかくだ。」という文《ぶん》に、それぞれのことばを入《い》れて、考《かんが》えてみよう。

できたら天才《てんさい》！

気《き》もちをあらわすことばが、三《みっ》つあるよ。◯で、かこもう。

ふさわしい

くやしい

さわがしい

にくらしい

まぎらわしい

こうばしい

はずかしい

「うまくいかなくて、□気《き》持《も》ちになった。」という文《ぶん》に、それぞれのことばを入《い》れて、考《かんが》えてみよう。

できたら天才《てんさい》！

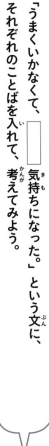

プラス 2の2+

「〜しい」のことばをあつめよう

「〜しい」の形《かたち》のことばをあつめて、「＋プラス（よい）のことば」か、「－マイナス（わるい）のことば」に分《わ》けてみよう。

ことば	プラスかマイナスか
楽《たの》しい	＋（プラス）
かなしい	－（マイナス）

「プラスかマイナスか」をどちらにするかは、人《ひと》によってちがうかもしれないね。あなたなら、「おとなしい」は、プラスとマイナスのどちらにするかな。

ランク 2の3

文《ぶん》のじゅん番《ばん》

1～4の文《ぶん》を、正《ただ》しいじゅんになるように、ならべなおそう。

1 つぎの日《ひ》は、町《まち》のまん中《なか》にある公園《こうえん》のステージで、コンサートがあります。

2 さいごの日《ひ》は、パレードがあります。こてきたいや、ダンスをおどる人《ひと》たちがたくさんならんで、町《まち》じゅうを歩《ある》きます。

3 わたしたちの町《まち》のおまつりをしょうかいします。毎年《まいとし》、五月《ごがつ》のはじめに、三日間《みっかかん》行《おこな》われます。

4 はじめの日《ひ》は、夕方《ゆうがた》からはじまります。やたいが出《で》たり、花火《はなび》が上《あ》がったりします。

□ → □ → □ → □

ヒント！「つぎ」「さいご」「はじめ」は、どんな順番《じゅんばん》でならぶかな。

できたら天才《てんさい》！

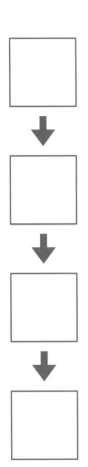

それぞれの文《ぶん》の、主語《しゅご》（「だれが・だれは」「何《なに》が・何《なに》は」）に○、述語《じゅつご》（「どうする」「何《なに》だ」「どんなだ」）に△をつけよう。

〈れい〉

1 ハルカが、［○］ 道《みち》を［□］ 歩《ある》く。［△］

2 これは、［□］ わたしの［□］ ハンカチだ。［□］

3 海《うみ》は、［□］ とても［□］ 広《ひろ》い。［□］

4 小《ちい》さな［□］ ねこが、［□］ ちょこんと［□］ すわっている。［□］

〈れい〉の文《ぶん》で、○や△の印《しるし》がつかない「道《みち》を」の部分《ぶぶん》を消《け》して「ハルカが、歩《ある》く。」だけにしても、意味《いみ》のわかる文《ぶん》になることに注目《ちゅうもく》してみよう。

できたら天才《てんさい》！

主語《しゅご》（「だれが・だれは」「何《なに》が・何《なに》は」）と、述語《じゅつご》（「どうする」「何《なに》だ」「どんなだ」）のそろっている文《ぶん》が、二《ふた》つあるよ。数字《すうじ》で答《こた》えよう。

1 カイトは、うでぐみをしたまま、だまりこんだ。

2 どれだけ考《かんが》えても、わからない。

3 どこのどんな人《ひと》が、この手紙《てがみ》をくれたのだろう。

4 本当《ほんとう》に、ふしぎだ。

主語《しゅご》と述語《じゅつご》のそろっている文《ぶん》は　□　**と**　□

主語《しゅご》は、文《ぶん》の中《なか》で省略《しょうりゃく》されることがあるよ。

できたら天才《てんさい》！

ランク2の6
見《み》えない主語《しゅご》

ⓐとⓘの述語《じゅつご》は、本当《ほんとう》はあるはずの主語《しゅご》がしょうりゃく（かんたんにするために、なくすこと）されているよ。二《ふた》つのもんだいに答《こた》えよう。


ホノカは力《ちから》のかぎり走《はし》って、リンにおいついた。

そして、いきがくるしいのをがまんして、
ふりむいたリンに、本《ほん》をⓐさし出《だ》した。

「はい、わすれもの。」

リンは、うけとらずに答《こた》えた。

「それは、わざと、おいてきたの。」

そして、顔《かお》をくるりと前《まえ》にむけなおすと、
また、すたすたとⓘ歩《ある》きはじめた。

1 ⓐ「さし出《だ》した」の主語《しゅご》は、1～3のどれかな。

1 ホノカ　2 リン　3 本《ほん》

2 ⓘ「歩《ある》きはじめた」の主語《しゅご》は、1～3のどれかな。

1 ホノカ　2 リン　3 本《ほん》

主語《しゅご》が見《み》つからないときは、その前《まえ》の文《ぶん》にある主語《しゅご》を探《さが》してみよう。同《おな》じ人《ひと》やものが、いくつかの文《ぶん》で続《つづ》けて主語《しゅご》になると、省略《しょうりゃく》されることがあるんだ。

ランク 2の7

「何《なに》が、何《なに》を、どうする。」の文《ぶん》

「何《なに》が、何《なに》を、どうする。」の文《ぶん》の、「何《なに》を」をあらわしていることばに、○をつけよう。

〈れい〉

1 リクが、（　）　おにぎりを（○）　食《た》べる。（　）

2 犬《いぬ》が、（　）　さくを（　）　とびこえた。（　）

3 強《つよ》い（　）　風《かぜ》が、（　）　子《こ》どもの（　）　ぼうしを（　）　とばす。（　）

4 力《ちから》を合《あ》わせて、（　）　さつまいもを（　）　たくさん（　）　ほった。（　）

「何《なに》が、何《なに》を、どうする。」の文《ぶん》の「何《なに》を」に当《あ》たるところを、目的語《もくてきご》と言《い》うよ。文《ぶん》の中《なか》に、「を」がついていることばがあったら、目的語《もくてきご》だよ。

できたら天才《てんさい》!

この文《ぶん》しょうには、「じじつ（本当《ほんとう》にあること）」と、「かんそう（自分《じぶん》が思《おも》うこと）」の、二《に》しゅるいの文《ぶん》がふくまれているよ。かんそうが書《か》かれている文《ぶん》を二《ふた》つさがして、数字《すうじ》で答《こた》えよう。

1 ぼくは、空《そら》をとべない鳥《とり》、「カカポ」についてしらべました。

2 しらべるのは楽《たの》しかったけど、家《いえ》に図《ず》かんがなかったので、図書《としょ》かんまで行《い》くのがたいへんでした。

3 カカポは、ニュージーランドだけにすんでいる、オウムのなかまです。

4 オウムのなかまは、ふつう、空《そら》をとべます。

5 でも、ニュージーランドには、カカポをおそって食《た》べるどうぶつがいなかったので、とばなくてもよかったのです。

6 今《いま》、カカポの数《かず》は、とてもへっています。

7 お金《かね》のためにたくさんカカポをとったり、森《もり》をきりひらいたりした人《ひと》たちがいたからです。

8 ぎゃくに、これいじょう数《かず》がへらないように、いろいろなどりょくをしている人《ひと》たちもいます。

9 ぼくは、カカポがもとのようにたくさんふえたらいいなと思《おも》います。

かんそうを書《か》いた文《ぶん》は □ と □

「感想《かんそう》」の文《ぶん》には、「楽《たの》しい」「たいへんだ」のような、気持《きも》ちを表《あらわ》すことばや、「〜と思《おも》います。」「〜と考《かんが》えます。」などの言《い》い方《かた》が使《つか》われるよ。

できたら天才《てんさい》！

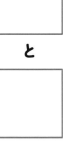

食《しょく》レポにちょうせん

「じじつ」と「かんそう」をつかって、食《しょく》レポ（りょうりを食《た》べて、そのようすやかんそうを人《ひと》につたえること）をしてみよう。

◆見《み》た目《め》は「じじつ」。あじ、におい、食感《しょっかん》（口《くち》に入《い》れたときのかんじ）のような、かんじかたが人《ひと》によってちがうものは、「かんそう」のらんに書《か》くよ。

りょうり	じじつ	かんそう
〈れい〉 プリン	黄色《きいろ》くて、茶色《ちゃいろ》のカラメルソースがかけてあります。小《ちい》さなみかんくらいの大《おお》きさで、よくひえています。	口《くち》に入《い》れると、ぷるぷるしています。とてもあまくて、おいしいです。一口《ひとくち》でしあわせな気《き》もちになります。

「ぷるぷる」「あつあつ」「しっとり」のような、ようすを表《あらわ》すことばをじょうずに使《つか》ってみよう。

できたら天才《てんさい》！

「ので」と「のに」をつかう文《ぶん》

正《ただ》しい文《ぶん》になるように、ことばをえらんで、線《せん》でつなげよう。

1

- セーターをきているので、
- セーターをきているのに、

- さむい。
- あたたかい。

2

- だれもいないので、
- だれもいないのに、

- とてもしずかだ。
- もの音《おと》がする。

3

- 大《おお》きなケーキなので、
- 大《おお》きなケーキなのに、

- たった二人《ふたり》で食《た》べてしまった。
- たった二人《ふたり》では食《た》べきれない。

「〜（な）ので」は「だから」、「〜のに」は「なのに」「でも」「けれども」などと同《おな》じはたらきのことばだよ。

できたら天才《てんさい》！

ランク 2の10

「だから」でつなぐ文《ぶん》

この文《ぶん》しょうの「だから、」につづくのは、1〜3のどれかな。数字《すうじ》で答《こた》えよう。

夜空《よぞら》の星《ほし》は、毎日《まいにち》、見《み》え方《かた》がかわっていきます。まるで、空《そら》がうごいているようです。その中《なか》で、一《ひと》つだけ、一年中《いちねんじゅう》ほとんど見《み》え方《かた》がかわらず、うごかないように見《み》える星《ほし》があります。それが、北極星《ほっきょくせい》です。

だから、

1 北極星《ほっきょくせい》は、北《きた》の空《そら》にかがやく、少《すこ》し黄色《きいろ》っぽい星《ほし》です。

2 北極星《ほっきょくせい》は、方角《ほうがく》を知《し》るのにつかうことができます。

3 北極星《ほっきょくせい》は、こぐまざの、しっぽの先《さき》にあたります。

「だから、」につづく文《ぶん》は □

「だから」は、前《まえ》の文《ぶん》が、後《あと》の文《ぶん》の「わけ（理由《りゆう》）」になるときに使《つか》うよ。

二《ふた》つめの文《ぶん》しょうの「だけど、」の前《まえ》に入《はい》るのは、1〜3のどれかな。数字《すうじ》で答《こた》えよう。

1 おじいさんは、「早《はや》く立《た》ちなさい。」と言《い》いました。

2 おじいさんは、「もう、帰《かえ》りなさい。」と言《い》いました。

3 おじいさんは、「ゆっくりしていきなさい。」と言《い》いました。

だけど、
ユウキは、いすからとび上《あ》がるようにして立《た》つと、いそいでじゅんびをはじめました。

「だけど、」の前《まえ》に入《はい》る文《ぶん》は □

「だけど」は、前《まえ》の文《ぶん》と後《あと》の文《ぶん》の内容《ないよう》が逆《ぎゃく》になるときや、前《まえ》の文《ぶん》で予想《よそう》したことがはずれたときに使《つか》うよ。「でも」や「しかし」も、同《おな》じはたらきのことばだよ。

できたら天才《てんさい》！

ランク 2の12

「〜から」と「〜けど」をつかう文《ぶん》

あいに、「から」と「けど」のどちらかを、一《ひと》つずつ入《い》れよう。


そろそろ秋《あき》です。夕方《ゆうがた》になると、つめたい風《かぜ》がふくようになりました。

お姉《ねえ》さんがハナに言《い》いました。

「さむくなってきた（あ）［　　］、まどをしめて。」

ハナは立《た》ち上《あ》がって、まどをしめようとしました。

すると、そのとき、となりの家《いえ》からきれいなピアノの音《おと》が聞《き》こえてきました。

ハナは言《い》いました。

「わたし、このピアノを、もうちょっと聞《き》いていたいな。」

お姉《ねえ》さんも言《い》いました。

「そうだね。少《すこ》しさむい（い）［　　］、まどをあけておこうか。」


「〜から」は「だから」、「〜けど」は「だけど」と、同《おな》じはたらきをするよ。

できたら天才《てんさい》！

つぎの文《ぶん》しょうに合《あ》う図《ず》は、1〜3のどれかな。

わたしたちの町《まち》のしょうてんがいをしょうかいします。しょうてんがいの入《い》り口《ぐち》からすすむと、はじめにあるのが魚《さかな》やさんです。

　そのとなりに花《はな》やさんがあります。わたしはこのお店《みせ》で、カーネーションを買《か》ったことがあります。

　本《ほん》やさんは、入《い》り口《ぐち》からいちばん遠《とお》いところにあります。黄《き》色《いろ》くて大《おお》きなかんばんが出《で》ているので、遠《とお》くからでもよく目《め》立《だ》ちます。

　本《ほん》やさんのとなりはめがねやさんで、めがねやさんとパンやさんの間《あいだ》に、公園《こうえん》があります。公園《こうえん》には小《ちい》さな花《か》だんがあって、町《まち》の人《ひと》たちが草《くさ》とりをしたり、花《はな》をうえかえたりしています。

1 《入《い》り口《ぐち》》

魚《さかな》やさん	花《はな》やさん	本《ほん》やさん	めがねやさん	公園《こうえん》	パンやさん

2 《入《い》り口《ぐち》》

魚《さかな》やさん	花《はな》やさん	パンやさん	公園《こうえん》	めがねやさん	本《ほん》やさん

3 《入《い》り口《ぐち》》

魚《さかな》やさん	花《はな》やさん	めがねやさん	公園《こうえん》	パンやさん	本《ほん》やさん

文《ぶん》しょうに合《あ》う図《ず》は　□

お店《みせ》の位置《いち》に関係《かんけい》ないことが書《か》かれている部分《ぶぶん》を消《け》して、情報《じょうほう》を整理《せいり》しよう。

できたら天才《てんさい》！

文《ぶん》しょうを読《よ》んで、四《よっ》つのもんだいに答《こた》えよう。

ゴムでうごくおもちゃのしくみ

わゴムをりょう手《て》で引《ひ》っぱってみましょう。のびたゴムは、ちぢもうとします。

こんどは、かた方《ほう》をもったままにして、もうかた方《ほう》をどんどんねじってみましょう。ねじれたゴムは、元《もと》にもどろうとします。

このようなゴムの力《ちから》をつかった、いろいろなおもちゃがあります。

うごく虫《むし》は、ねじれたゴムが元《もと》にもどる力《ちから》をつかったおもちゃです。それでは、うごく虫《むし》の作《つく》り方《かた》を見《み》てみましょう。

1 よういするもの

カップめんの入《い》れもの一《ひと》つ、わゴム六《ろっ》本《ぽん》、たん一《いち》かん電池《でんち》一《いっ》こ、工作用《こうさくよう》モール、色画用紙《いろがようし》、カラーペン、はさみ、セロハンテープ、せっちゃくざい。

2 作《つく》り方《かた》

はじめに、うごくしかけを作《つく》ります。

よういした電池《でんち》のたてのほうこうにわゴムを二本《にほん》かけて、セロハンテープでしっかりとめます（図《ず》①）。

㋐そして、その上《うえ》からわゴムを二《に》本《ほん》ずつ二《に》かしょにまきます（図《ず》②）。

このわゴムは、すべり止《ど》めのためにつけています。

つぎに、虫《むし》の体《からだ》を作《つく》ります。よくあらった入《い》れもののふちに、わゴムをかける切《き》りこみを入《い》れます（図《ず》③）。ちょうどはんたいがわになるように二《に》かしょずつ、五《ご》ミ

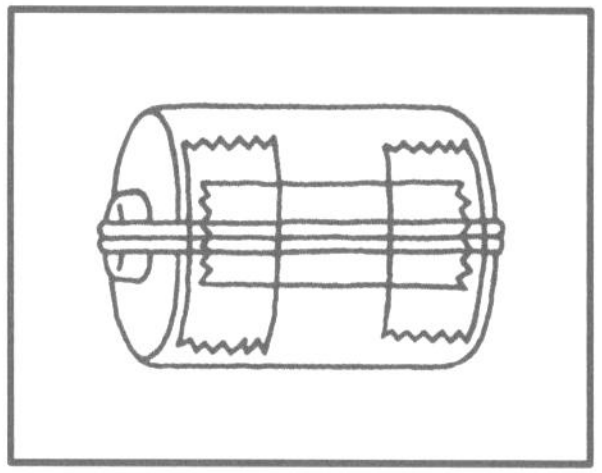

図《ず》①

図《ず》②

図《ず》③

↑つぎのページにつづくよ。

リメートルくらい切《き》りこみます。

　そして、その切《き》りこみに、電池《でんち》にたてにかけておいたわゴムをかけます。わゴムのかた方《ほう》をねじってかけると、できあがったときにうまくすすみます（図《ず》④）。

　さいごに、しあげをします。工作用《こうさくよう》モールで、足《あし》やしょっかくを作《つく》って、虫《むし》の体《からだ》につけます。色画用《いろがよう》紙《し》とカラーペンで、目《め》や口《くち》を作《つく》って、せっちゃくざいではるとできあがりです。

図《ず》④

３　あそび方《かた》

　できあがった虫《むし》をゆかにおいて、後《うし》ろに引《ひ》きます。後《うし》ろに引《ひ》くと、しかけのゴムがしぜんにまかれます。

　三十《さんじっ》センチメートルくらい引《ひ》いたら手《て》をはなします。すると、ねじれたゴムが元《もと》にもどります。そのとき、電池《でんち》がおもいので、ゆっくりともどります。まるで虫《むし》がゴトゴト歩《ある》いているようです（図《ず》⑤）。

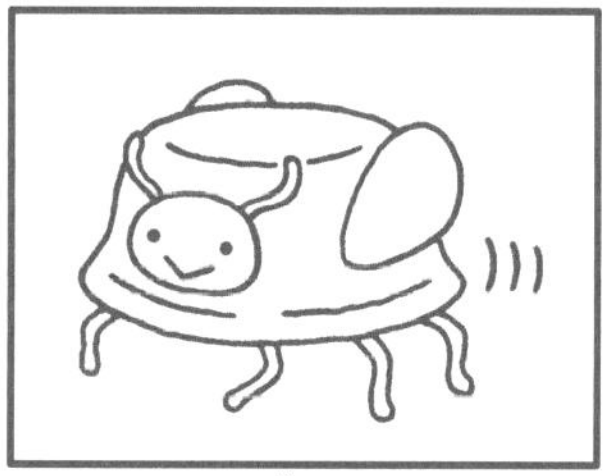
図《ず》⑤

　ぴょんぴょんがえるは、のびたゴムがちぢむ力《ちから》をつかったおもちゃです。二《に》まいの紙《かみ》をセロハンテープではり合《あ》わせて作《つく》ります。はさみで切《き》りこみを入《い》れて、わゴムをかければできあがりです。かえるのように色《いろ》をぬりましょう。
　あそぶときに、ゴムがのびるようにうらがえします。しずかにつくえの上《うえ》におきましょう（図《ず》⑥）。そっと手《て》をはなすと、ぴょんぴょんがえるは、どうなるでしょう。

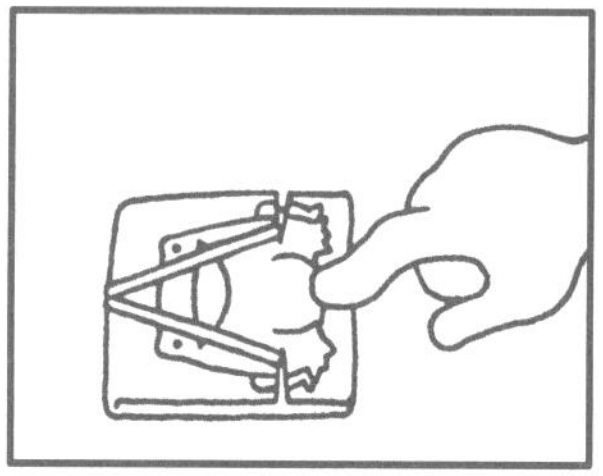
図《ず》⑥

　このように、ねじれたりのびたりしたゴムが元《もと》にもどろうとする力《ちから》をつかって、いろいろなおもちゃを作《つく》ることができます。
　みなさんも、いろいろなおもちゃを作《つく》ってみましょう。

学校図書　平成24年度
『みんなと学ぶ小学校こくご　二年下』より
表記等を一部変更

1 （図《ず》②）～（図《ず》④）には、それぞれをせつめいした、1～3の図《ず》が入《はい》るよ。それぞれ、どの図《ず》が入《はい》るかな。数字《すうじ》で答《こた》えよう。

1
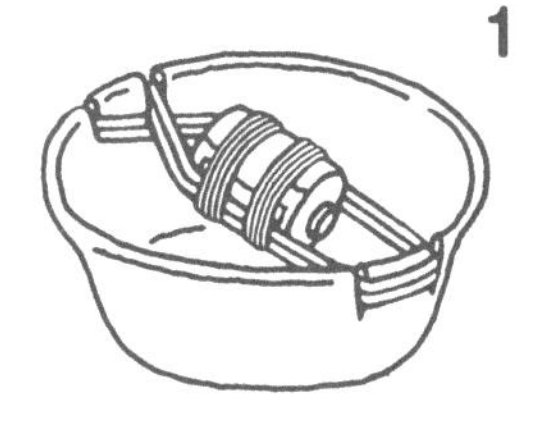

2

3
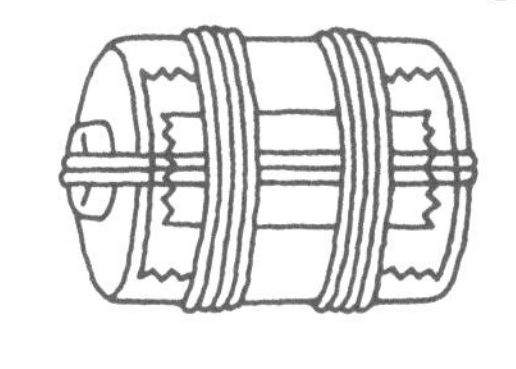

図《ず》②	図《ず》③	図《ず》④

2 ㋐で、上《うえ》から、わゴムを二本《にほん》ずつ二《に》かしょにまくのは、どうしてかな。数字《すうじ》で答《こた》えよう。

1 でき上《あ》がったときに、うまくすすむため。

2 すべり止《ど》めのため。

3 切《き》りこみを入《い》れるため。

□

3 「うごく虫《むし》」や「ぴょんぴょんがえる」は、それぞれ、どのようなゴムの力《ちから》をつかったおもちゃかな。文《ぶん》しょうからことばを見《み》つけて、1と2に書《か》こう。

ゴムでうごくおもちゃ	どのようなゴムの力《ちから》をつかっているか
うごく虫《むし》	1 ＿＿＿＿ 力《ちから》
ぴょんぴょんがえる	2 ＿＿＿＿ 力《ちから》

4 「2 作《つく》り方《かた》」には、「はじめに」のほかに、じゅんじょをあらわすことばが二《ふた》つあるよ。文《ぶん》しょうから、ことばを見《み》つけて書《か》こう。

□ □

図《ず》が、文章《ぶんしょう》のどこを説明《せつめい》しているかを確《たし》かめながら読《よ》むといいよ。

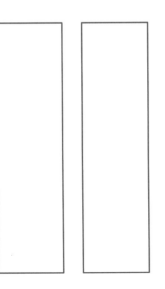

認定証

ランク2

殿

あなたを

「この1冊で身につく！2年生の国語読解力」

ランク2と認定します。

ここにその努力をたたえ、

認定証を授与します。

これからも言葉や文章にふれることを楽しみ、

読解力を伸ばしましょう！

年　月　日

筑波大学附属小学校

白坂洋一

この文《ぶん》しょうであらわされている日《ひ》と時間《じかん》は、いつかな。

あさっては、うんどう会《かい》だ。タツキの学校《がっこう》では、毎年《まいとし》、春《はる》にうんどう会《かい》をする。今年《ことし》は五月十五日《ごがつじゅうごにち》で、ちょうど、弟《おとうと》のユウの一《いっ》さいのたんじょう日《び》にあたる。

学校《がっこう》から帰《かえ》ってきて時計《とけい》を見《み》ると、ちょうど四時《よじ》だった。手《て》をあらって、たいそうふくをせんたくかごに入《い》れる。

ユウは、へやでブロックあそびをしていた。

タツキが、

「兄《にい》ちゃん、がんばってリレーで一《いっ》とうになるからな。」

と言《い》うと、ユウは、わかったのかわからないのか、にこにこしながらブロックを二《ふた》つさし出《だ》した。

今《いま》は □ 月《がつ》 □□ 日《にち》の □ 時《じ》

「日《ひ》」は、文章《ぶんしょう》の中《なか》に出《で》てこない数字《すうじ》が答《こた》えになるよ。

ランク 3の2

「どこ」をさがそう

道《みち》でえんぴつをひろったあと、ねずみさんが行《い》ったばしょを、文《ぶん》しょうの中《なか》のことばをつかって、じゅんに三《みっ》つ書《か》こう。

ねずみさんは、道《みち》でえんぴつをひろいました。赤色《あかいろ》で、とてもみじかくなったえんぴつです。だれかが、だいじにつかっていたものかもしれません。

「おとしものかな。」

ねずみさんは、えんぴつをもったまま、公園《こうえん》へ行《い》きました。くまさんときつねさんがあそんでいました。

ふたりに、

「このえんぴつ、だれのものか知《し》ってる。」

と聞《き》きましたが、ふたりとも、

「知《し》らないなあ。」

と答《こた》えました。

ねずみさんは公園《こうえん》を出《で》て、市場《いちば》へむかいました。そこでぶどうを買《か》い、少《すこ》し歩《ある》いて、おばあさんの家《いえ》につきました。

ねずみさんが、おばあさんに、

「えんぴつをひろったよ。」

と言《い》って見《み》せると、

「おや、おや。これは、きのう、わたしがなくしてしまったえんぴつだよ。ひろってくれたんだね。ありがとう。」

と、おばあさんはとてもよろこびました。

ねずみさんが行《い》ったばしょ

	→	→

ヒント！「行《い》く」「むかう」「つく」は、場所《ばしょ》を表《あらわ》すことばといっしょに使《つか》うね。

できたら天才《てんさい》！

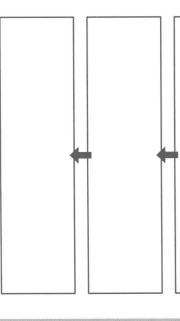

ランク3の3

「いつ」と「どこ」のかわる文《ぶん》しょう

1〜4の文《ぶん》を、正《ただ》しいじゅんになるように、ならべなおそう。

1 めが出《で》てきたので、日光《にっこう》がよく当《あ》たるように、まどの近《ちか》くにおくことにしました。

2 そのつぎの日《ひ》から、とてもいい天気《てんき》がつづきました。日光《にっこう》がたっぷり当《あ》たって、めが、みどり色《いろ》になってきました。

3 げんかんにおいてあったヒヤシンスのきゅうこんから、白《しろ》いめが出《で》ました。

4 せっかくまどの近《ちか》くにおいたのに、雨《あめ》なので日光《にっこう》が当《あ》たりませんでした。めの色《いろ》もかわりませんでした。

□ → □ → □ → □

時間《じかん》と場所《ばしょ》が変《か》わっていくことに注意《ちゅうい》しながら読《よ》んでみよう。

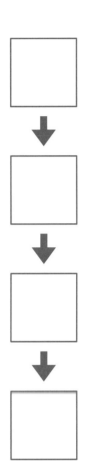

ランク3の4

時間《じかん》で形《かたち》がかわることば

正《ただ》しい文《ぶん》になるほうを、◯で、かこもう。

1 あしたは、雨《あめ》が
- ふるだろう。
- ふった。

2 さっきまで、本《ほん》を
- 読《よ》んでいた。
- 読《よ》むだろう。

3 こんどの日曜日《にちようび》までには、
- できあがった。
- できあがりそうだ。

4 この間《あいだ》、いとこがあそびに
- 来《き》た。
- 来《く》るかもしれない。

「さっき」「この間《あいだ》」などの、すんだことを表《あらわ》す文《ぶん》と、「あした」「こんど」などの、これから起《お》こることを表《あらわ》す文《ぶん》のちがいを見《み》つけてみよう。

プラス 3の4

きのうのこと、あしたのこと

「○○（し）た。」の形《かたち》の文《ぶん》で、きのうしたことを書《か》こう。
「○○（し）たい。」の形《かたち》の文《ぶん》で、あしたしたいことを書《か》こう。

〈れい〉

きのうは、ピアノのれんしゅうをした。

あしたは、ゲームであそびたい。

きのうは、　　　　　　　　　　した。

あしたは、　　　　　　　　　　たい。

今日《きょう》のことを書《か》くときは、どちらの形《かたち》の文《ぶん》を使《つか》うのがいいかな。考《かんが》えてみよう。

できたら天才《てんさい》！

「ようだ」をつかう文《ぶん》

□に入《はい》ることばを、□からえらんで書《か》こう。

1 りんごのような（　）ほっぺたの少年《しょうねん》が、おかの上《うえ》に立《た》っていた。

2 その女《おんな》の人《ひと》の手《て》は、こおりのように（　）、おじいさんはとてもおどろいた。

3 もう、すっかり秋《あき》だというのに、（　）日《ひ》がつづいて、ま夏《なつ》のようだ。

4 まほうをかけられた本《ほん》は、鳥《とり》のように（　）いってしまった。

あつい・赤《あか》い・とんで・つめたくて

「ようだ」は、ものごとのようすが別《べつ》のものによく似《に》ているときに使《つか》うよ。文《ぶん》の中《なか》では、「ような」「ように」「ようで」などの形《かたち》にもなるよ。

できたら天才《てんさい》！

文《ぶん》しょうを読《よ》んで、二《ふた》つのもんだいに答《こた》えよう。

「かつら」という名前《なまえ》の木《き》があります。山《やま》に生《は》える木《き》ですが、町《まち》の公園《こうえん》や道《みち》にうえられていることもあります。

かつらの木《き》のはは、まるく、先《さき》が少《すこ》しだけとがっていて、まるで、トランプのハートのような形《かたち》をしています。

また、かつらの木《き》は、秋《あき》になると、はが黄色《きいろ》くなって、ちります。そして、そのころ、はやみきから、とてもよいかおりがします。それは、まるで、わたあめやキャラメルのような、あまくておいしそうなかおりです。思《おも》わず食《た》べたくなってしまいますが、口《くち》に入《い》れないようにちゅういしなくてはいけません。

1 かつらの木《き》のはの形《かたち》は、何《なに》にたとえられているかな。文《ぶん》しょうからぬき出《だ》そう。

□□□□ の □□□ のような形《かたち》

2 かつらの木《き》のかおりは、何《なに》にたとえられているかな。文《ぶん》しょうから二《ふた》つぬき出《だ》そう。

□

□

「まるで、○○のようだ（みたいだ）」は、「○○に、とてもよく似《に》ている」という意味《いみ》だよ。

「たとえば」をつかう文《ぶん》

□に入《はい》ることばを、□からえらんで書《か》こう。

1 このパフェには、たくさんの□が入《はい》っています。
たとえば、ぶどうやメロンなどです。

2 すっぱい食《た》べものが、にがてです。
たとえば、□や□などです。

3 いろいろな国《くに》、たとえば、□や□などに行《い》ってみたいです。

4 ここには、大《おお》きな□、たとえば、□や□などがいます。

きりん・イタリア・うめぼし・くだもの
どうぶつ・レモン・ブラジル・ぞう

「たとえば」は、くわしく説明《せつめい》するときのことば。「○○、たとえば□□や△△」は、「○○をくわしく言《い》うと、□□や△△」ということだよ。

できたら天才《てんさい》!

□に入《はい》ることばを、□からえらんで書《か》こう。

1 字《じ》や文《ぶん》を書《か》くときにつかうどうぐ、
つまり、□や□などは、
□とよばれます。

2 □からつくられる食《た》べもの、
つまり、□や□などは、
にゅうせいひんとよばれます。

3 □のためにつくられたお話《はなし》、
つまり、「□」や「□」などは、
□とよばれます。

どうわ・チーズ・文《ぶん》ぼうぐ・ノート・ないた赤《あか》おに
えんぴつ・牛《ぎゅう》にゅう・人魚《にんぎょ》ひめ・ヨーグルト・子《こ》ども

「つまり」は、言《い》いかえることば。「つまり」の前《まえ》と後《あと》は、同《おな》じ内容《ないよう》になるよ。

つぎの文《ぶん》しょうを、「はじめ」「なか」「おわり」の三《みっ》つに分《わ》けるとしたら、1と2のどちらがいいかな。

① 室内《しつない》で楽《たの》しめるあそびには、いろいろなものがあります。では、どのようなあそびがあるでしょうか。

② 「けしぴん」は、けしゴムをつかったあそびです。あそぶ人《ひと》が、一《ひと》つずつけしゴムをよういして、つくえの上《うえ》におきます。

③ そして、じぶんのけしゴムを、ゆびではじきます。あいてのけしゴムを、つくえの上《うえ》からおとした人《ひと》が、かちです。

④ このように、だれでもかんたんにあそべるようにくふうすることで、室内《しつない》でも楽《たの》しめるのです。

《はじめ》
前《まえ》おき（これから何《なに》について話《はな》すか）や、「とい」のあるところ。

《なか》
文《ぶん》しょうの中心《ちゅうしん》で、「答《こた》え」のあるところ。

《おわり》
「このように」「こうして」などで、文《ぶん》しょう全体《ぜんたい》をまとめているところ。

1
はじめ…①
なか　…②③
おわり…④

2
はじめ…①②
なか　…③
おわり…④

□

「はじめ（何《なに》について話《はな》すか）」「なか（けしぴんの遊《あそ》び方《かた》）」「おわり（まとめ）」に分《わ》けられるね。

できたら天才《てんさい》！

つぎの文《ぶん》しょうを、「はじめ」「なか」「おわり」の三《みっ》つに分《わ》けるとしたら、1と2のどちらがいいかな。

① みぢかなちょうみりょうの一《ひと》つに、しょうゆがあります。しょうゆは、いつごろからつかわれているのでしょう。また、どのようにしてつくられるのでしょうか。

② しょうゆは、今《いま》からやく五百年前《ごひゃくねんまえ》の室町時代《むろまちじだい》からつかわれていると言《い》われています。それまで、食《た》べもののあじつけには、草《くさ》や魚《さかな》や肉《にく》をしおづけにした「ひしお」がつかわれていました。みそづくりのとちゅう、しみ出《で》てきたしるがおいしいとわかり、ちょうみりょうとしてつかうようになったのが、しょうゆのはじまりとされています。

③ しょうゆは、だいず、小麦《こむぎ》、しお、こうじ菌《きん》からつくられます。「たまりじょうゆ」とよばれ、色《いろ》もあじもこく、かおりもよいものは、かけたり、つけたりして食《た》べるだけでなく、にものなどのあじつけにもつかわれます。

④ このように、しょうゆはとてもむかしからつかわれ、少《すく》ないざいりょうでつくられてきました。そのため、日本各地《にほんかくち》で、さまざまなくふうがされ、今《いま》もつかわれつづけているのです。

1
はじめ…①②
なか　…③
おわり…④

2
はじめ…①
なか　…②③
おわり…④

「問《と》い」と「答《こた》え」のあるところに注目《ちゅうもく》してみよう。
「問《と》い」は「はじめ」、「答《こた》え」は「なか」にあるんだったね。

つぎの文《ぶん》しょうを、「はじめ」「なか」「おわり」の三《みっ》つに分《わ》けるとしたら、1〜3のどれがいいかな。

① わたしたちのまわりには、きせつごとにさまざまな行事《ぎょうじ》があります。どんな行事《ぎょうじ》があるでしょう。また、人《ひと》びとのどんな気《き》もちがこめられているのでしょう。

② 七月《しちがつ》になると、ささのえだにねがいごとを書《か》いたたんざくやかざりがつけられているのが見《み》られます。七夕《たなばた》は、ねがいごとをたんざくに書《か》き、ささのえだにかざって、きせつのかわり目《め》（節句《せっく》）をおいわいする行事《ぎょうじ》です。

③ 九月十八日《くがつじゅうはちにち》ごろは「中秋《ちゅうしゅう》」といい、うつくしい月《つき》を見《み》ることができます。十五夜《じゅうごや》は、だんごや秋《あき》の七草《ななくさ》、きせつのやさいやくだものなどをおそなえして、秋《あき》のしゅうかくをおいわいする行事《ぎょうじ》です。

④ 十一月《じゅういちがつ》になると、神社《じんじゃ》では、多《おお》くの子《こ》どもたちのすがたを見《み》ることがあります。七五三《しちごさん》は、七《なな》さいや五《ご》さい、三《さん》さいというふし目《め》ごとに、ぶじにそだってくれたことをかんしゃし、これからのけんこうをねがう行事《ぎょうじ》です。

⑤ このように、行事《ぎょうじ》には人《ひと》びとのねがいやおいわい、かんしゃの気《き》もちがこめられています。みなさんのまわりには、どんな行事《ぎょうじ》があるか、さがしてみましょう。

1
はじめ…①
なか　…②③④
おわり…⑤

2
はじめ…①
なか　…②③
おわり…④⑤

3
はじめ…①②
なか　…③
おわり…④⑤

長《なが》い文章《ぶんしょう》も、「はじめ」「なか」「おわり」に分《わ》ければ意味《いみ》を読《よ》み取《と》りやすくなるよ。

できたら天才《てんさい》！

「はじめ」「なか」「おわり」をまとめよう

文《ぶん》しょうの「はじめ」「なか」「おわり」を、それぞれかんたんにまとめたよ。文《ぶん》しょうからことばをぬき出《だ》して、1～3に入《い》れよう。

みなさんは、毎日《まいにち》いろいろな「やさい」を食《た》べていますね。やさいは、しょくぶつの、どのぶぶんを食《た》べているのでしょうか。

はやくきを食《た》べるやさいには、キャベツやほうれんそうなどがあります。トマトやきゅうりなどは、みを食《た》べるやさいです。ごぼうやだいこんのように、ねを食《た》べるやさいもあります。ブロッコリーやカリフラワーの、丸《まる》くもり上《あ》がったところは、なんと、花《はな》のつぼみです。

このように、やさいは、おいしく食《た》べられるぶぶんが、しゅるいによってちがうのです。

はじめ	1（　　　）は、しょくぶつの、どのぶぶんを食《た》べているのでしょうか。
なか	はやくきを食《た》べるやさい、みを食《た》べるやさい、2（　　　）を食《た》べるやさい、花《はな》のつぼみを食《た》べるやさいがあります。
おわり	やさいは、おいしく食《た》べられるぶぶんが、3（　　　）によってちがいます。

「ブロッコリーや～なんと、花《はな》のつぼみです。」は、言《い》いかえると、「ブロッコリーやカリフラワーは、花《はな》のつぼみを食《た》べる野菜《やさい》です。」になるね。

できたら天才《てんさい》！

「このように」でまとめる文《ぶん》

この文《ぶん》しょうの「このように、」につづくのは、1～3のどれかな。数字《すうじ》で答《こた》えよう。

お米《こめ》は、「なべ」や「すいはんき」でたいて、ごはんとして食《た》べるだけでなく、こなにすることで、べつの食《た》べものにもなります。

お米《こめ》のこなをよくねって、うすくのばしてやくと、おせんべいになります。ぜんざいやかきごおりなどに入《い》れる白玉《しらたま》も、お米《こめ》のこなでできています。お米《こめ》のこなに、こうぼをまぜてやくと、ふんわりおいしい「こめこパン」ができます。

このように、

1 お米《こめ》は、どんな形《かたち》になってもお米《こめ》のあじがします。

2 お米《こめ》は、いろいろな食《た》べものの、もとになっているのです。

3 お米《こめ》は、みんなが大《だい》すきな食《た》べものなのです。

「このように、」につづく文《ぶん》は □

「このように」は、それまでの文章《ぶんしょう》をまとめるのに使《つか》うことばだよ。

できたら天才《てんさい》！

文《ぶん》しょうを読《よ》んで、四《よっ》つのもんだいに答《こた》えよう。

ほたるの一生《いっしょう》

ささき こん

夏《なつ》の夜《よる》、小川《おがわ》のほとりを、小《ちい》さな光《ひかり》がいくつもいくつもとびかっています。ほたるです。

ほたるは、なんのために光《ひか》り、どのように一生《いっしょう》をすごすのでしょうか。

七月《しちがつ》のはじめごろ、ほたるのおすとめすは、光《ひか》りはじめます。ほたるの光《ひかり》は、おすとめすの間《あいだ》のしんごうです。おすは、おしりの先《さき》を強《つよ》く弱《よわ》く光《ひか》らせながら、木《き》のはの上《うえ》で光《ひか》っているめすをさがしてとび回《まわ》ります。そして、めすを見《み》つけ、けっこんします。

けっこんしたほたるのめすは、水《みず》べのこけに小《ちい》さなたまごをうみつけます。一《いっ》ぴきのめすがうむたまごの数《かず》は、五百《ごひゃっ》こから千《せん》こにも上《のぼ》ります。

たまごをうみおえると、めすもおすもしんでしまいます。せい虫《ちゅう》になってから、わずか十日《とおか》ばかりのいのちです。

たまごは、およそ一《いっ》か月後《げつご》によう虫《ちゅう》になります。よう虫《ちゅう》は、すぐに川《かわ》の中《なか》へ入《はい》り、水《みず》の中《なか》での生活《せいかつ》をはじめます。

水《みず》の中《なか》で、よう虫《ちゅう》は、かわにならという貝《かい》の肉《にく》を食《た》べてそだちます。よう虫《ちゅう》は、なんどもだっぴをくりかえしてせいちょうします。

つぎの年《とし》の四月《しがつ》のおわりごろ、

↑つぎのページにつづくよ。

かわになを食《た》べて大《おお》きくなったよう虫《ちゅう》は、雨《あめ》のふる夜《よる》に、水《みず》の中《なか》から出《で》て、川《かわ》ぎしに上《あ》がります。川《かわ》ぎしに上《あ》がったよう虫《ちゅう》は、やわらかい土《つち》にもぐりこみます。そして、まわりの土《つち》をかためて、「土《つち》まゆ」という小《ちい》さなへやを作《つく》ります。

土《つち》まゆを作《つく》ってからやく五《ご》週間《しゅうかん》後《ご》、ほたるのよう虫《ちゅう》は、ようやくさなぎになります。はじめは白《しろ》っぽいさなぎのからだは、時間《じかん》がたつにつれて、だんだん色《いろ》がこくなっていきます。

さなぎになってからやく二《に》週間《しゅうかん》後《ご》、ほたるは、いよいよせい虫《ちゅう》になります。せい虫《ちゅう》になったばかりの羽《はね》はまだやわらかく、色《いろ》もうすい黄色《きいろ》です。そして、二《に》、三日《さんにち》後《ご》、羽《はね》がかたく、黒《くろ》くなると、せい虫《ちゅう》は土《つち》まゆをこわし、地上《ちじょう》に出《で》

↘右下《みぎした》につづくよ。

てきます。

夏《なつ》の夜《よる》、田《た》んぼや小川《おがわ》のほとりで光《ひか》っている数《かぞ》えきれないほどのほたるは、このようにして一生《いっしょう》をすごしているのです。

『みんなと学ぶ小学校こくご二年　上』（学校図書　令和2年版）より　表記等を一部変更

1 この文《ぶん》しょうは、何《なに》についてせつめいしているかな。

2 「といの文《ぶん》」は、どのだんらくにあるかな。だんらくを数《かぞ》えて、数字《すうじ》で答《こた》えよう。

3 この文《ぶん》しょうをまとめているのは、どのだんらくかな。だんらくを数《かぞ》えて、数字《すうじ》で答《こた》えよう。

4 「といの文」に合わせて、文しょうをまとめたよ。文《ぶん》しょうからことばをぬき出《だ》して、1〜5に入《い》れよう。

いつ	ほたるのようす
七月《しちがつ》のはじめごろ	ほたるのおすとめすは光《ひか》りはじめます。けっこんしたほたるのめすは、水《みず》べのこけに小《ちい》さなたまごをうみつけます。たまごをうみおえると、めすもおすもしんでしまいます。
一《いっ》か月《げつ》後《ご》	たまごは 2（　　　）になります。すぐに川《かわ》の中《なか》へ入《はい》り、水《みず》の中《なか》での生活《せいかつ》をはじめます。
つぎの年《とし》の 1（　　　）のおわりごろ	雨《あめ》のふる夜《よる》に、水《みず》の中《なか》から出《で》て、川《かわ》ぎしに上《あ》がります。やわらかい土《つち》にもぐりこみます。そして、「土《つち》まゆ」という小《ちい》さなへやをつくります。
五《ご》週間後《しゅうかんご》	3（　　　）になります。はじめは白《しろ》っぽいさなぎの体《からだ》は、時間《じかん》がたつにつれて、だんだん色《いろ》がこくなっていきます。
二《に》週間後《しゅうかんご》	いよいよせい虫《ちゅう》になります。せい虫《ちゅう》になったばかりの羽《はね》は、まだやわらかく、色《いろ》もうすい 4（　　　）です。
二《に》、三日後《さんにちご》	羽《はね》がかたく、黒《くろ》くなると、せい虫《ちゅう》は土《つち》まゆをこわし、5（　　　）に出《で》てきます。

「○月《がつ》」「○週間後《しゅうかんご》」のような、時間《じかん》を表《あらわ》すことばに気《き》をつけて読《よ》んでみよう。

できたら天才《てんさい》！

かん字《じ》で「足《た》し算《ざん》」をしてみよう。二《ふた》つのかん字《じ》を組《く》み合《あ》わせると、どんなかん字《じ》ができるかな。

〈れい〉

1 日 ＋ 月 ＝ 明

2 日 ＋ 生 ＝ □

ヒント…夜空《よぞら》で光《ひか》るもの

3 竹 ＋ 合 ＝ □

ヒント…「とい」と「○え」

4 口 ＋ 鳥 ＝ □

ヒント…カラスは「カアカア」

5 糸 ＋ 田 ＝ □

ヒント…「太《ふと》い」のはんたい

ほかにも、今《いま》までに習《なら》った漢字《かんじ》を組《く》み合《あ》わせてできる漢字《かんじ》があるかもしれないね。いろいろためしてみよう。

認定証

ランク3

殿

あなたを
「この1冊で身につく！2年生の国語読解力」
ランク3と認定します。
ここにその努力をたたえ、
認定証を授与します。
これからも言葉や文章にふれることを楽しみ、
読解力を伸ばしましょう！

年　月　日

筑波大学附属小学校
白坂洋一

たいへん
よくでき
ました。

□に入《はい》るのは、1〜3のどれかな。数字《すうじ》で答《こた》えよう。

ティラノサウルスは、今《いま》から六千七百年《ろくせんななひゃくねん》くらい前《まえ》にいたきょうりゅうです。小《ちい》さな図《ず》かんにもかならずのっているほど、人気《にんき》のあるきょうりゅうです。しかし、いくつかの図《ず》かんをくらべてみると、ティラノサウルスの絵《え》は、体《からだ》の色《いろ》がいろいろにえがかれています。体《からだ》の形《かたち》や大《おお》きさはだいたい同《おな》じなのに、茶色《ちゃいろ》のもの、青色《あおいろ》のもの、赤色《あかいろ》やもも色《いろ》の絵《え》もあります。

なぜなら、□です。こんな色《いろ》だったのではないかと、そうぞうしてえがいているのです。

1 ティラノサウルスは六千七百年前《ろくせんななひゃくねんまえ》にいたから

2 ティラノサウルスの本当《ほんとう》の色《いろ》はわからないから

3 ティラノサウルスは人気《にんき》があるから

□に入《はい》るのは □

「なぜなら」「どうしてかというと」は、前《まえ》の文《ぶん》の理由《りゆう》を後《あと》の文《ぶん》で説明《せつめい》するときに使《つか》うよ。

できたら天才《てんさい》！

ランク4の2

「なぜなら」をつかわない、りゆうの文《ぶん》

たぬきが、——のようになったのは、どうしてかな。りゆうが書《か》いてある文《ぶん》の数《すう》字《じ》を書《か》こう。

1 りすは、たぬきの手《て》をにぎって言《い》いました。

2 「ありがとう。たぬきさんは、とてもやさしいんだね。
みんなは、きみのことをこわいって言《い》うけど、わたしは、
そんなことないと思《おも》うよ。
だって、わたしのことを、たすけてくれたんだもの。」

3 たぬきは、ふきげんそうな顔《かお》をしました。

4 「べつに、きみのためにしたわけじゃないよ。
おれいなんか言《い》われても、こまるんだけど。」

5 でも、はなの先《さき》が、少《すこ》し赤《あか》くなっていました。

6 本当《ほんとう》は、「ありがとう」と言《い》われたのが、
とてもうれしかったからです。

7 りすは、それに気《き》がついて、にこにこしました。

りゆうを書《か》いた文《ぶん》は □

「から」か「ので」を探《さが》してみよう。その前《まえ》の部分《ぶぶん》に理由《りゆう》が書《か》かれているよ。

つぎの文《ぶん》を、「いけん（「自分《じぶん》はこう考《かんが》える」ということ）」と「かんそう（「自分《じぶん》はこういう気《き》もちだ」ということ）」に分《わ》けよう。

1 きれいな花《はな》がさいているのを見《み》ると、うれしくなります。

2 くつのかかとをふんで歩《ある》くのは、わるいことです。

3 雨《あめ》がふっているのを見《み》て、かなしい気分《きぶん》になりました。

4 ほうきではいたあとに、ぞうきんがけをするのがよいと考《かんが》えました。

いけんを書《か》いた文《ぶん》は □ **と** □

かんそうを書《か》いた文《ぶん》は □ **と** □

意見《いけん》は「正《ただ》しい・まちがっている」「良《よ》い・悪《わる》い」などの判断《はんだん》を表《あらわ》すことば、感想《かんそう》は「うれしい」「悲《かな》しい」などの気持《きも》ちを表《あらわ》すことばを探《さが》してみよう。

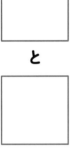

「いけん（「自分《じぶん》はこう考《かんが》える」ということ）」を言《い》っている文《ぶん》を二《ふた》つさがして、数字《すうじ》を書《か》こう。

1 「これから、校《こう》ていで何《なん》のあそびをするかを、みんなで話《はな》し合《あ》ってきめます。ドッジボールか、こおりおにの二《ふた》つからえらびます。いけんのある人《ひと》はいますか。」

2 「わたしは、ドッジボールがいいと考《かんが》えます。」

3 「ドッジボールは、おもしろいからすき。」

4 「もし、お天気《てんき》がわるかったら、どっちもできないね。」

5 「多数《たすう》けつできめるのはどうですか。」

6 「きょう休《やす》んでいる人《ひと》のいけんは、どうしますか。」

いけんを書《か》いた文《ぶん》は □ と □

「○○はどうですか」「○○したらどうでしょう」のような意見《いけん》を、提案《ていあん》と言《い》うよ。

できたら天才《てんさい》！

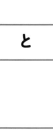

「いけん（「自分《じぶん》はこう考《かんが》える」ということ）」を書《か》こう。

ヒナタの学校《がっこう》には、「表紙《ひょうし》にアニメやまんがの絵《え》のついたノートは、もってきてはいけない」というきまりがあります。
あなたが、ヒナタと同《おな》じ学校《がっこう》の二年生《にねんせい》だったら、このきまりには「さんせい（いいと思《おも》う）」ですか。「はんたい（いやだと思《おも》う）」ですか。
どちらか一《ひと》つをえらび、「なぜなら、」をつかって、りゆうを書《か》きましょう。

〈れい〉

さんせいです。なぜなら、べんきょうにかんけいないものだからです。

はんたいです。なぜなら、絵《え》がついているノートでも、べんきょうはできるからです。

さんせい　はんたい　です。（どちらか一《ひと》つを○でかこもう）

なぜなら、

意見《いけん》は、「どうしてそう考《かんが》えたか」という理由《りゆう》とセットで言《い》おう。

ランク 4の5

メモを文《ぶん》しょうにしよう

メモに書《か》かれていることを、文《ぶん》しょうにしよう。□に入《はい》ることばは、何《なに》かな。

〈メモ〉

図工《ずこう》の時間《じかん》に、いるもの

書《か》いた日《ひ》　6月《がつ》12日《にち》

つくるもの
　ペン立《た》て

家《いえ》からもってくるもの
　牛《ぎゅう》にゅうパック、はさみ、
　おり紙《がみ》、のり

学校《がっこう》にあるもの
　フェルトペン、じょうぎ、
　セロハンテープ、カッター

もってくる日《ひ》
　6月《がつ》15日《にち》

〈文《ぶん》しょう〉

□月《がつ》□日《にち》の、□の時間《じかん》に
□をつくります。
家《いえ》から、□、□、
□、□を
わすれずにもってきてください。

メモには、文章《ぶんしょう》にしない部分《ぶぶん》もあるよ。それはどこかな。

ランク 4の6

文《ぶん》しょうをメモにしよう

お店《みせ》の人《ひと》にインタビューをしたよ。たいせつなぶぶんを、メモにまとめよう。

わたしの名前《なまえ》は小林《こばやし》です。しょうてんがいで、お花《はな》やさんをしています。お花《はな》は生《い》きているので、かれたり、いたんだりしないように、いつも気《き》をつけています。いそがしいきせつは、春《はる》です。お花《はな》をちゅうもんする人《ひと》がふえるからです。毎日《まいにち》、水《みず》をつかうので、手《て》がつめたくなるのが、たいへんです。それから、重《おも》いものをもつのも、たいへんですね。お花《はな》って、たくさんあると、けっこう重《おも》いんですよ。花《はな》たばを作《つく》ったときに、おきゃくさんがよろこんでくれると、とてもうれしいです。

話《はな》してくれた人《ひと》の名前《なまえ》
どんなしごとの人《ひと》（何《なに》やさん）
いそがしいきせつ
そのきせつは、なぜいそがしいのか
たいへんなこと（二《ふた》つ）
うれしいこと

「そのきせつは、なぜいそがしいのか」は、ランク4の2「なぜならをつかわない、りゆうの文《ぶん》」で学習《がくしゅう》したことも思《おも》い出《だ》してみよう。

できたら天才《てんさい》！

友《とも》だちと話《はな》すときのことばを、作文《さくぶん》を書《か》くときのことばにしよう。
□に入《はい》ることばを、□からえらんで書《か》こう。

1

なんで、もう帰《かえ》らなきゃいけないの。

□、もう帰《かえ》ら□いけないのですか。

2

書《か》いちゃうから、ちょっとまっててよ。

書《か》いて□から、□まっていて□。

3

もっと、いっぱい食《た》べられるんじゃないかな。

もっと、□食《た》べられる□ないでしょうか。

たくさん・しまう・少《すこ》し・なぜ・なくては・のでは・ください

「しなきゃ」「しちゃう」などは、友《とも》だちや家族《かぞく》と話《はな》すときには使《つか》うけど、作文《さくぶん》を書《か》くときには使《つか》わないよね。ほかにどんな言葉《ことば》づかいがあるかな。

できたら天才《てんさい》!

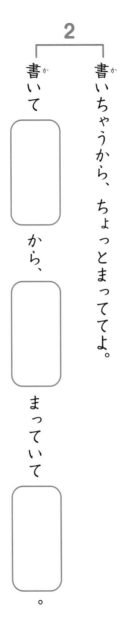

つぎのお話《はなし》のないように合《あ》わないのは、1〜3のどれかな。数字《すうじ》で答《こた》えよう。

電気《でんき》のなかったむかし、夜《よる》は、今《いま》よりもずっとくらいものでした。

あるばん、イチベエさんは、夜《よ》道《みち》をいそいでいました。

「やあ、ずいぶんおそくなってしまった。今夜《こんや》は月《つき》が出《で》ていないから、まっくらだなあ。」

そのときです。後《うし》ろから、人《ひと》の歩《ある》くような音《おと》がしました。

「おや、うしろにだれかいるな。」

しかし、ふりむいても、だれもいません。イチベエさんが歩《ある》くと音《おと》もついてきて、止《と》まると音《おと》も止《と》まります。

「ははあ。これは、べとべとさんにちがいない。」

べとべとさんは、夜《よる》、人《ひと》の後《うし》ろをついてくるだけのようかいです。

イチベエさんは、子《こ》どものころに教《おし》えてもらったことを思《おも》い出《だ》しました。そして、お年《とし》よりに話《はな》しかけるように、れいぎ正《ただ》しく言《い》いました。

「べとべとさん、お先《さき》にどうぞ。」

すると、ふしぎな音《おと》は、すっかりきえてしまったということです。

1 イチベエさんは、まっくらな夜道《よみち》で、べとべとさんを見《み》た。

2 イチベエさんが歩《ある》いていたら、べとべとさんがついてきた。

3 イチベエさんは、夜道《よみち》で、ふしぎな音《おと》を聞《き》いた。

□

1〜3は、文章《ぶんしょう》には出《で》てこないことばを使《つか》っているところもあるよ。お話《はなし》の内容《ないよう》に合《あ》うかどうか、ていねいに読《よ》んで確《たし》かめてみよう。

つぎのお話《はなし》の「あらすじ（お話《はなし》のないようをかんたんにまとめたもの）」は、1〜3のどれかな。数字《すうじ》で答《こた》えよう。

ライオンとねずみ

（「イソップものがたり」より）

ある日《ひ》、ライオンがひるねをしていると、体《からだ》の上《うえ》をねずみがはしりました。ライオンはすぐにねずみをつかまえて、大《おお》きな口《くち》をあけて食《た》べようとしました。すると、ねずみは言《い》いました。

「おねがいです。いのちをたすけてくれたら、かならずおんがえしをします。」

ライオンはわらいました。

「小《ちい》さなおまえが、大《おお》きなわたしをたすけられるものか。」

でも、ライオンは、おなかがあまりすいていなかったので、ねずみをにがしてやりました。

しばらくして、そのライオンは、りょうしにつかまり、太《ふと》いつなで木《き》につながれてしまいました。そこへ、ねずみがやってきて、つなをかみちぎってたすけました。ねずみは、

「小《ちい》さなわたしにも、おんがえしはできましたよ。」

と言《い》いました。ライオンは、ねずみをばかにしたことをあやまりました。

1 ライオンが、りょうしにつかまってしまったことによって、ねずみを食《た》べようとする話《はなし》。

2 ライオンが、ねずみを食《た》べるのをやめたことによって、ねずみをばかにする話《はなし》。

3 ライオンが、ねずみをにがしたことによって、ねずみからたすけられる話《はなし》。

できたら天才《てんさい》！

内容《ないよう》と合《あ》うかどうかだけでなく、お話《はなし》の内容全体《ないようぜんたい》が書《か》かれているかどうかに注目《ちゅうもく》してね。

読《よ》んでおもしろかった本《ほん》を、友《とも》だちや家《か》ぞくにも教《おし》えてあげよう。

〈れい①〉

《だいめい》
二《に》ひきのかえる

《さくしゃ》
にいみ なんきち

《すきなところ（ぬき書《が》き）》
よくねむったあとでは、人間《にんげん》でもかえるでも、きげんがよくなるものであります。

〈れい②〉

《だいめい》
サラダのなぞ

《さくしゃ》
なかや うきちろう

《おもしろいところ》
なかやさんの食《た》べた、とてもおいしいサラダのなぞが、三十年《さんじゅうねん》後《ご》にわかったところ。

《だいめい》

《さくしゃ》

《すきなところ（ぬき書《が》き）・おもしろいところ》

物語《ものがたり》だけでなく、科学《かがく》や歴史《れきし》の本《ほん》、図鑑《ずかん》など、本《ほん》にはいろいろあるね。どんな本《ほん》を紹介《しょうかい》してもいいんだよ。

いつ、どこで、だれが、どうした

「いつ」「どこで」「だれが」「どうした」をぬき出《だ》して、文《ぶん》しょうをまとめよう。


八月《はちがつ》のある日《ひ》、ハヤトは、海《うみ》に来《き》ていた。いとこのアオイと、ケンタおじさんもいっしょだ。

「晴《は》れてよかったなあ、ハヤト。」

おじさんがパラソルを立《た》てながら言《い》った。きのうの夜《よる》、ハヤトがまくらもとに水着《みずぎ》をおいてねたことを、おじさんは知《し》っているのだ。

じゅんびうんどうをすませると、アオイとならんで、なみうちぎわにかけていく。そして、大《おお》きな水《みず》しぶきをあげて、たおれるようにとびこんだ。

海《うみ》でおよいだのは一年《いちねん》ぶりだ。うでをふって思《おも》いきり水《みず》をかくと、いやなことも、ぜんぶわすれられるようだった。

《いつ》

□□の□□□、

《どこで》

□で

《だれが》

□□□が

《どうした》

□□□□。

登場人物《とうじょうじんぶつ》は三人《さんにん》いるけど、「だれが」に入《はい》るのは中心人物《ちゅうしんじんぶつ》だよ。

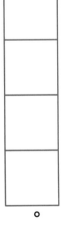

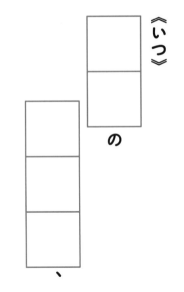

だれは、なぜ、どうした

文《ぶん》しょうから、かわうそがなきだしてしまった「わけ（りゆう）」が書《か》かれているところを見《み》つけて、ぬき出《だ》そう。

かわうそは、むささびの家《いえ》まで行《い》ってみました。高《たか》い木《き》の上《うえ》にあるむささびの家《いえ》は、るすのようでした。かわうそは、

「むささびくん。」

と、よびました。でも、へんじはありませんでした。

かわうそはしばらくそこに立《た》っていましたが、まつのをあきらめて、いつもむささびと行《い》くところを、じゅんにまわってみようと思《おも》いました。

しろつめくさの広場《ひろば》は、むささびどころか、ひとりもあそんでいません。大《おお》きなぶなの木《き》の下《した》にも、だれもいません。いつもにぎやかな小川《おがわ》のまわりも、今日《きょう》にかぎって、だれもいません。

かわうそは、きゅうに、さびしくなりました。それで、とうとう、なきだしました。

《だれは》

□□□□ **は**

《なぜ》

□□□□ **なったので、**

《どうした》

□□□□
□□□。

「どうした」を見《み》つけてから、「なぜ」（理由《りゆう》）があるかどうかを探《さが》すといいよ。

できたら天才《てんさい》！

《文《ぶん》しょう❶》と《文《ぶん》しょう❷》を読《よ》んで、二《ふた》つのもんだいに答《こた》えよう。

《文《ぶん》しょう❶》

たまごから生《う》まれたときのかえるは、丸《まる》い頭《あたま》に、まっすぐなしっぽが生《は》えていて、手《て》も足《あし》もありません。このすがたのときは、おたまじゃくしとよばれます。えさを食《た》べてそだつと、まず足《あし》が生《は》えます。それから手《て》が生《は》え、しっぽがだんだんみじかくなり、かえるのすがたになります。

《文《ぶん》しょう❷》

おたまじゃくしは、みそしるなどをすくうどうぐです。丸《まる》いおわんのようなぶぶんに、長《なが》いもち手《て》がついています。また、このどうぐの形《かたち》によくにているので、たまごから生《う》まれたときのかえるのことも、おたまじゃくしとよびます。

1 《文《ぶん》しょう❶》《文《ぶん》しょう❷》の、どちらにもつけることができるだいめい（タイトル）は、どれかな。

1 かえる
2 おたまじゃくし
3 どうぐの形《かたち》

□

2 《文《ぶん》しょう❶》《文《ぶん》しょう❷》の、どちらのないようにも合《あ》わないものは、どれかな。

1 おわんの形《かたち》ににている、丸《まる》いかえるがいる。
2 おたまじゃくしがそだつと、かえるになる。
3 おたまじゃくしは、みそしるなどをすくうときにつかう。
4 かえるは、たまごから生《う》まれる。

□

二《ふた》つの文章《ぶんしょう》のどちらにも出《で》てくることばに注目《ちゅうもく》しよう。そのことばは、同《おな》じものをさしているかな。それとも、ことばが同《おな》じだけで、ちがうものの話《はなし》かな。

できたら天才《てんさい》！

ランク 4の13

図《ず》をせつめいしよう

《文《ぶん》しょう》の1〜3に入《はい》るのは、あ〜おのどれかな。《図《ず》》を見《み》ながら答《こた》えよう。

《文《ぶん》しょう》

ひとふでがき（紙《かみ》からえんぴつをいちどもはなさないで、つづけて書《か》くこと）にちょうせんしましょう。

まず、いちばん右下《みぎした》のかどの（ 1 ）から、かきはじめます。

上《うえ》にすすんで、うと（ 2 ）をとおり、いまでいきます。

そこから右《みぎ》にすすみ、うへいきます。

ななめ左下《ひだりした》にむかってすすんで、えについたら、

上《うえ》にすすんで、いまでいきます。

こんどは、ななめ右下《みぎした》へとすすんで、おにいきます。

さいごに、（ 3 ）まですすむと、ひとふでがきのかんせいです。

《図《ず》》

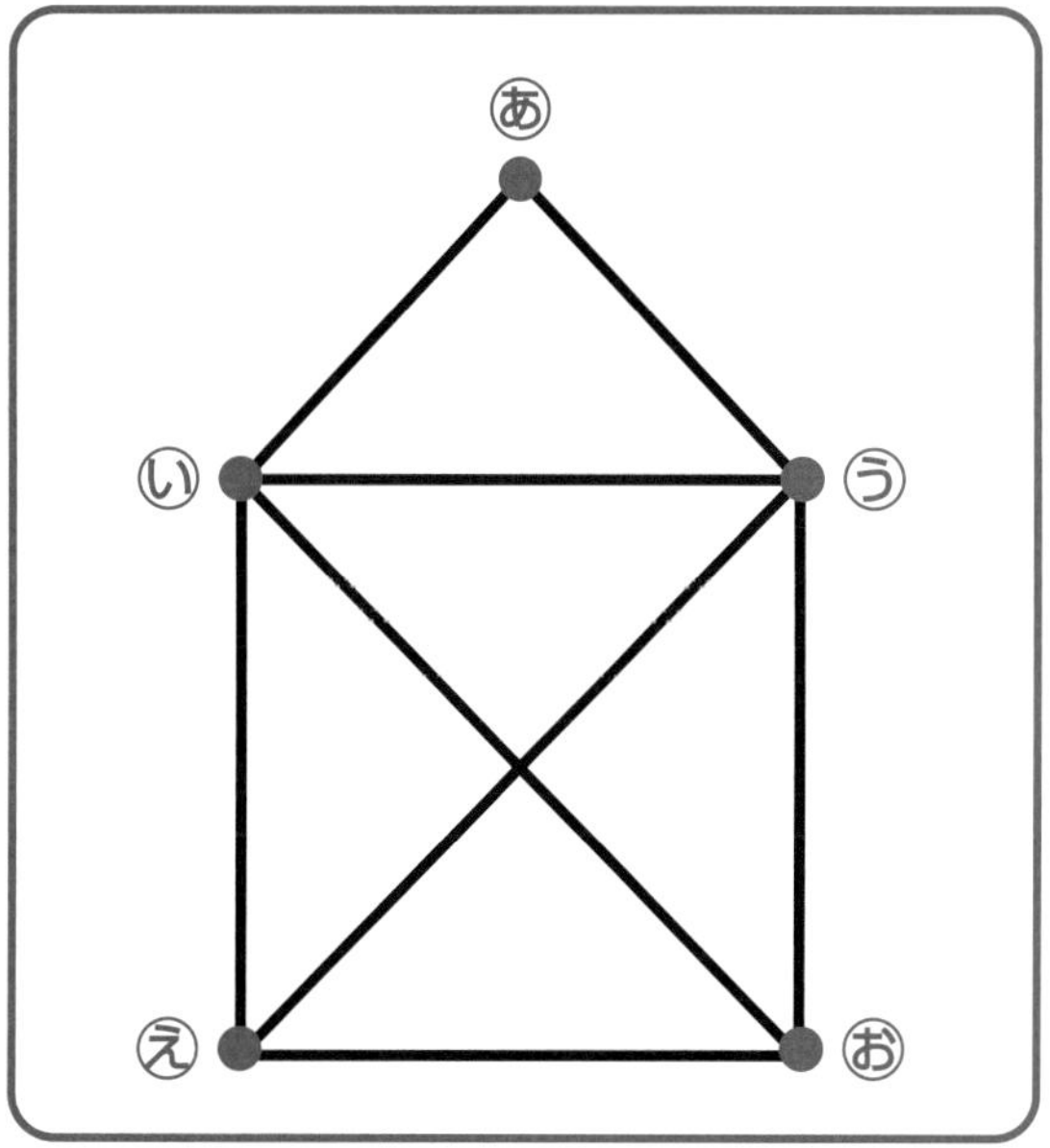

1 ［　］　2 ［　］　3 ［　］

頭《あたま》の中《なか》だけで考《かんが》えるのは難《むずか》しいね。図《ず》をなぞって確《たし》かめながら文章《ぶんしょう》を読《よ》んでみよう。

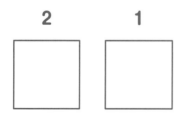

文《ぶん》しょうを読《よ》んで、四《よっ》つのもんだいに答《こた》えよう。

たろうのともだち

むらやま　けいこ

ある日《ひ》、こおろぎが、にわをさんぽしていました。

お天《てん》気《き》はいいし、にわには花《はな》がいっぱいさいているし、さんぽは、とてもすてきでした。

でも、こおろぎは言《い》いました。

「ひとりぼっちじゃ、つまんないなあ。」

こおろぎは、ともだちがほしくなって、コーロコロと歩《ある》いていきました。

すると、かきねのそばで、ひよこが、えさをひろっていました。

こおろぎはあいさつしました。

「ひよこさん、こんにちは。」

けれど、あいにく、ひよこは、ごきげんがわるくって、つんつんと、足《あし》ですなをけったきりでした。

「あの……こんにちは。」

と、こおろぎは、また言《い》いました。

すると、Ⓐひよこは、ぷうっと、はねをふくらませて、

「なんだ、うるさい。おまえなんかつかまえて、つっついちゃうぞ。」

と、こおろぎにむかってきました。

「いやあん、ごめんよ。たすけてよ。」

「それなら、ぼくのけらいになるんだぞ。」

「うん、いいよ。たすけてくれるな

↖つぎのページにつづくよ。

ら……。」

そこで、こおろぎは、ひよこのけらいになりました。

ひよことこおろぎが、ピイピイピイ、コーロコロと歩《ある》いていくと、へいの上《うえ》を、ねこが通《とお》りかかりました。

ひよこは、じぶんより強《つよ》そうなねこを見《み》ると、

「やあ、ねこさん、こんにちは。」

けれど、あいにく、ねこはごきげんがわるくって、金色《きんいろ》の目《め》をきらりとさせたきりでした。

「あの……こんにちは。」

と、ひよこは、また言《い》いました。

すると、㋑ねこは、へいからとびおり、しっぽを立《た》てて、

「なんだ、うるさい。おまえなんかつかまえて、ひっかいちゃうぞ。」

と、ひよこにむかってきました。

「やだあい、ごめんよ。たすけてよ。」

「それなら、ぼくのけらいになるんだぞ。」

「うん、いいよ。たすけてくれるなら……。」

そこで、ひよこは、ねこのけらいになりました。

ひよこのけらいのこおろぎも、もちろん、ねこのけらいです。

ねことひよことこおろぎが、一《いち》れつにならんで、ニャゴニャゴニャゴ、ピイピイピイ、コーロコロと歩《ある》いていくと、こんどは、犬《いぬ》ごやに、犬《いぬ》がねそべっていました。

ねこは、じぶんより強《つよ》そうな犬《いぬ》を見《み》ると、

「やあ、犬《いぬ》さん、こんにちは。」

けれど、あいにく、犬《いぬ》も、ごきげんがわるくって、ワウーとうなったきりでした。

↑つぎのページにつづくよ。

「あの……こんにちは。」

と、ねこは、また言《い》いました。

それでも、犬《いぬ》は、ワウーウーとうなったきりでした。

「あの……犬《いぬ》さん、こんにちは。」

と、ねこは、また言《い》いました。

すると、㋒犬《いぬ》は、はをむき出《だ》して、

「なんだ、うるさい。おまえなんかつかまえて、かみついちゃうぞ。」

と、ねこにむかってきました。

「やだあい、ごめんよ。たすけてよ。」

「それなら、ぼくのけらいになるんだぞ。」

「うん、いいよ。たすけてくれるなら……。」

そこで、ねこは、犬《いぬ》のけらいになりました。

ねこのけらいのひよこも、こおろぎも、もちろん、犬《いぬ》のけらいになりました。


犬《いぬ》とねことひよことこおろぎは、一《いち》れつにならんで、ワンワンワン、ニャゴニャゴニャゴ、ピイピイピイ、コーロコロと歩《ある》いていくと、こんどは、戸口《とぐち》の前《まえ》に、たろうが立《た》っていました。

犬《いぬ》は、元気《げんき》そうなたろうを見《み》ると、

「やあ、たろうさん、こんにちは。」

すると、たろうは、ごきげんな声《こえ》で、

「ああ、こんにちは。みんなおそろいでさんぽかい。ぼくもなかまに入《い》れておくれよ。」

「それなら、ぼくのけらいになる？」

と、犬《いぬ》は言《い》いました。

「けらいなんて、ぼく、いやだ。」

たろうは、きっぱりと言《い》いました。

すると、ねこも言《い》いました。

㋓「けらいなんて、ぼくもいや。」


↑つぎのページにつづくよ。

ひよこもこおろぎも言《い》いました。

「けらいなんて、ぼくもいや。」

「けらいなんて、ぼくもいや。」

犬《いぬ》はこまりました。

そこで、たろうが言《い》いました。

「それなら、みんな、ともだちになったら……。」

すぐに、こおろぎが言《い》いました。

「ぼく、たろうさんのともだちになるよ。」

ひよこもねこも言《い》いました。

「ぼくもたろうさんのともだちだ。」

さいごに、犬《いぬ》も言《い》いました。

「ぼくもなるよ。」

㊉「わあい、みんななかよしだ。なかよしのともだちだあ。」

たろうがそう言《い》って歩《ある》きだすと、

「ともだちだあ。なかよしだあ。」

と、犬《いぬ》もねこもひよこもこおろぎも、
あとにつづきました。

ともだちだあ。なかよしだあ。
たったか、たったか、
ワン　ワン　ワン。
たったか、たったか、
ニャゴ　ニャゴ　ニャゴ。
たったか、たったか、
ピイ　ピイ　ピイ。
たったか、たったか、
コーロ　コロ。
みんな、みんな、なかよしのともだちになって、にわをさんぽしました。

村山桂子『たろうのともだち』（福音館書店）より
表記等を一部変更

1 このお話《はなし》のとうじょう人《じん》ぶつを、すべて書《か》こう。

2 あ〜うは、ひよことねこと犬《いぬ》の、どんな気《き》もちをあらわしているかな。

1 きげんがわるく、早《はや》くにげだしたい。

2 きげんがわるく、おこっている。

3 きげんがわるく、あわてている。

3 えとおは、だれのことばかな。

え

お

4 このお話《はなし》のはじめとおわりで、こおろぎが、どのようにかわったかを図《ず》にまとめたよ。（か）〜（く）に入《はい》ることばは、何《なに》かな。文《ぶん》しょうから見《み》つけて、ぬき出《だ》そう。

「（か）。」
ともだちがほしくなって、
コーロコロと歩《ある》いていく。

こおろぎ

「けらいなんて、ぼく、
いやだ。」
「それなら、みんな、とも
だちになったら……。」
と、（き）が言《い》った。

みんな、みんな、
なかよしの
（く）になって、
にわをさんぽした。

こおろぎ

か

き

く

5 このお話《はなし》を読《よ》んで、あなたが「いいなあ。」と思《おも》ったところはどこだったかな。文《ぶん》しょうに線《せん》を引《ひ》き、りゆうを書《か》こう。

ここまでできたら、二年生《にねんせい》の国語《こくご》は、もう、ばっちりだよ！

できたら天才《てんさい》！

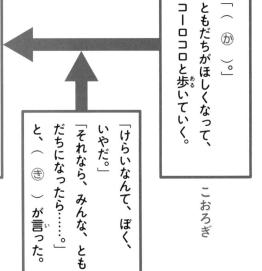

プラス 4の14

「たろうのともだち」のつづきを書《か》こう

「たろうのともだち」の、たろうたちは、にわをさんぽしたあと、何《なに》をしたかな。
「○○をしてあそんだ」「△△も友《とも》だちになった」など、じゆうにそうぞうしてね。
文《ぶん》しょうには、とうじょう人《じん》ぶつの会話《かいわ》を入《い》れて書《か》いてみよう。

そして、たろうたちは、にわをさんぽしたあと、

最後《さいご》は、「めでたし、めでたし。」で終《お》わるようなお話《はなし》にしてね。

できたら天才《てんさい》！

ことばであそぼう③

となりどうしのことば

国語《こくご》じてんをつかってあそぼう。ページをパッとひらいて、となりどうしになっていることば二《ふた》つを、《つなげることば》でつなげてみよう。
二《ふた》つのことばは、そのままのじゅんでつかっても、ぎゃくにしてもいいよ。おもしろい組《く》み合《あ》わせをたくさん見《み》つけてね！

プリン	は	プリンス
同《おな》い年《どし》	の	おなか

おどろ・く【驚く】動《オドロク》 意外《いがい》なことに出《で》あって、心《こころ》が動《うご》く。びっくりする。例 きみの絵《え》のうまいのにはおどろいた。活用▼ おどろかない・おどろきます・おどろいた・おどろくとき・おどろけば　関連（…を）おどろかす動　おどろき（の…）名

おないどし【同い年】名《オナイドシ》 同《おな》じ年齢《ねんれい》。参考「おなじとし」の変化《へんか》したことば。例 ぼくとかれは同い年だ。

おなか名《オナカ》 腹《はら》のこと。例 おなかがすく。

おながどり【尾長鶏】名《オナガドリ》 高知県《こうちけん》で多《おお》くかわれている尾《お》の長《なが》いニワトリ。特《とく》別天然記念物《べってんねんきねんぶつ》。ながおどり。

〈おながどり〉

おながれ【お流れ】名《オナガレ》 予定《よてい》していた行事《ぎょうじ》や会合《かいごう》などが中止《ちゅうし》になること。例 運動会《うんどうかい》が雨《あめ》でお流れになる。

『例解学習国語辞典《れいかいがくしゅうこくごじてん》　第十一版《だいじゅういっぱん》』（小学館《しょうがくかん》）より

がはの
をにで
もへと
やだけしか
からより
でもまで

《つなげることば》

「プリン は プリンス」と「プリン と プリンス」では、意味《いみ》のちがう文《ぶん》になるね。ちがいがわかるかな。

できたら天才《てんさい》！

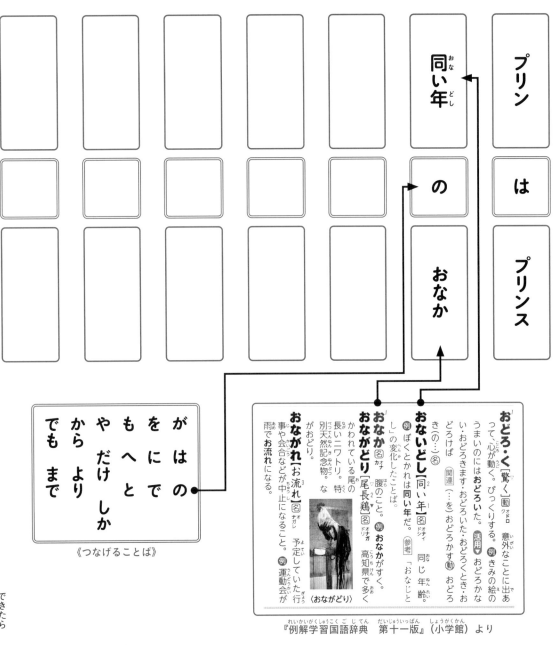

認定証

ランク4

殿

あなたを
「この1冊で身につく！　2年生の国語読解力」
ランク4と認定します。
ここにその努力をたたえ、
認定証を授与します。
これからも言葉や文章にふれることを楽しみ、
読解力を伸ばしましょう！

年　月　日

筑波大学附属小学校　白坂洋一

答《こた》え

▼は、おうちの方《かた》へのアドバイスです。

ランク1の1

1 (ワ)ッキー ⬇ ク
2 ドーナ(シ) ⬇ ツ
3 プ(ソ)ン ⬇ リ
4 (ナ)ロン ⬇ メ
5 アイス(タ)リーム ⬇ ク

▼まちがい探《さが》しを通《とお》して、自分《じぶん》でかたかなを書《か》くとき、字形《じけい》をより意識《いしき》することができるようにした問題《もんだい》です。

ランク1の2

(あ) レン
(い) レン
(う) ナナ

▼物語《ものがたり》で、登場人物《とうじょうじんぶつ》が話《はな》したことは、「 」（かぎ）を使《つか》って書《か》き表《あらわ》されます。「 」の前後《ぜんご》の文《ぶん》を読《よ》み、だれの会話文《かいわぶん》なのかを見《み》つけるとよいでしょう。「お母《かあ》さん」は、レンとナナの会話《かいわ》の中《なか》に登《とう》場《じょう》していますが、実際《じっさい》には発言《はつげん》していないことに注《ちゅう》意《い》しましょう。

ランク1の3

1 1
2 3

▼登場人物《とうじょうじんぶつ》がしたこと（行動《こうどう》）から気持《きも》ち（心情《しんじょう》）を読《よ》む問題《もんだい》です。実際《じっさい》に演《えん》じて動作化《どうさか》するのも手立《てだ》ての一《ひと》つです。「どんなときに下《した》をむくのかな？」、「『ふうん。』って、どんな気持《きも》ちを表《あらわ》しているんだろうね。」、「『やさしく』から、くまのどんな気持《きも》ちがわかりそう？」と問《と》いかけながら考《かんが》えていくとよいでしょう。

ランク1の4

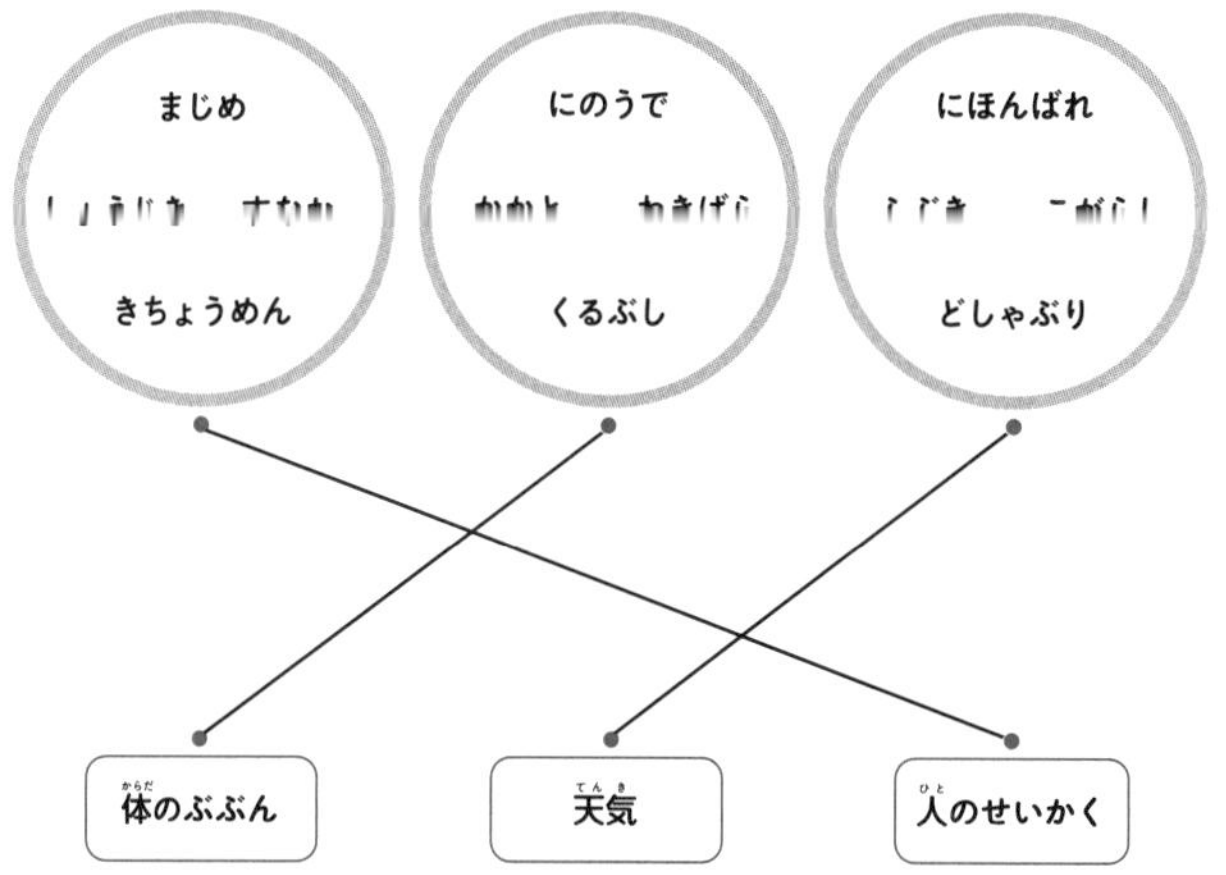

▼同《おな》じ仲間《なかま》のことばを集《あつ》めることによって、語彙《ごい》のネットワークは広《ひろ》がり、語彙《ごい》はますます豊《ゆた》かになります。「このほかにどんな天気《てんき》を表《あらわ》すことばがある？」、「体《からだ》のこの部分《ぶぶん》はなんと言《い》うんだろう？」と問《と》いかけ、いっしょに考《かんが》えながら、語彙《ごい》のネットワークを広《ひろ》げていきましょう。

プラス1の4+

▼読《よ》みたい本《ほん》を探《さが》す方法《ほうほう》の一《ひと》つに、本《ほん》の分類《ぶんるい》を知《し》ることがあります。図書館《としょかん》の本《ほん》には、「日本十進分《にほんじっしんぶん》類法《るいほう》」にもとづいて三桁《さんけた》の数字《すうじ》がつけられています。児童書《じどうしょ》では、子《こ》どもが見《み》つけやすいよう、三《さん》桁《けた》の先頭《せんとう》の数字《すうじ》だけを示《しめ》したり、図書館独自《としょかんどくじ》の分《ぶん》類《るい》マークを使用《しよう》したりしていることもあります。

ランク1の5

1 **ほほえむ**

2　ちょっと
3　しゃべる・話《はな》す
4　ゆったり・ゆっくり

▼語彙《ごい》を豊《ゆた》かにすることをねらった問題《もんだい》です。「『ころぶ』と似《に》ている意味《いみ》のことばってあるのかな?」、「『なく』と似《に》ている意味《いみ》のことばには何《なに》があるんだろうね?」と問《と》いかけることで、国語《こくご》辞典《じてん》で調《しら》べるきっかけづくりになります。また、「『のんびり』ってどう使《つか》うのかな?」「どんな文《ぶん》ができそう?」と問《と》いかけ、短文《たんぶん》をつくることによって、日常《にちじょう》で使《つか》いこなせるようになります。

ランク1の6

ふえる―へる
のびる―ちぢむ
当《あ》たる―外《はず》れる
かたい―やわらかい
近《ちか》づく―遠《とお》ざかる

▼語彙《ごい》を豊《ゆた》かにするには、似《に》た意味《いみ》のことばを探《さが》す、反対《はんたい》の意味《いみ》のことばを探《さが》すなど、語彙《ごい》のネットワークづくりに努《つと》めるとよいでしょう。ここでは反対《はんたい》の意味《いみ》を問《と》うことで、ことばとことばの関《かん》係《けい》づくりを行《おこな》っています。ほかに、ことば遊《あそ》びや読書《どくしょ》なども効果的《こうかてき》です。

ランク1の7

「とい」のだんらくは　3
「答《こた》え」のだんらくは　4・5・6

▼段落《だんらく》3に「では、こん虫《ちゅう》は、ほかにどのようなものがいるのでしょうか。そして、どのように生活《せいかつ》しているのでしょうか。」と、問《と》いの文《ぶん》があります。その後《ご》、段落《だんらく》4で「もんしろちょう」、段落《だんらく》5で「とのさまばった」、段落《だんらく》6で「こがねむし」について、二《ふた》つの問《と》いに対《たい》する答《こた》えがそれぞれ説明《せつめい》されています。段落《だんらく》1・2は、ここでは「こん虫《ちゅう》」についての話題《わだい》を提示《ていじ》しています。

ランク1の8

1　ぐんぐん　2　からから
3　すやすや　4　ぎらぎら

▼ようすを表《あらわ》すことばを、日記《にっき》や作文《さくぶん》など文章《ぶんしょう》を書《か》く際《さい》に使《つか》うと、自分《じぶん》が伝《つた》えたいことをわかりやすく、生《い》き生《い》きとしたものに変《か》えてくれます。一方《いっぽう》、文章《ぶんしょう》を読《よ》む際《さい》には、ようすを表《あらわ》すことばは、人物《じんぶつ》の気持《きも》ちや場面《ばめん》のようすを読《よ》み取《と》る材料《ざいりょう》になります。

ランク1の9

にじ

▼文章《ぶんしょう》から「話題《わだい》」を読《よ》み取《と》るためには、題名《だいめい》、文《ぶん》や段落《だんらく》の主語《しゅご》、くり返《かえ》されていることばに注目《ちゅうもく》するとよいです。

ランク1の10

(クラスの)花《か》だん(に)うえ(る)
花《はな》(のことを話《はな》し合《あ》っている。)

▼「何《なに》について話《はな》し合《あ》っているか」といった話題《わだい》をとらえるには、話《はな》し合《あ》いのはじめの部分《ぶぶん》や、くり返《かえ》し出《で》てくることばに注目《ちゅうもく》するとよいでしょう。

ランク1の11

【とうじょう人《じん》ぶつは】
ハンス・カール・クルト・レオ
(順不同《じゅんふどう》)
【中心人《ちゅうしんじん》ぶつは】
クルト

▼物語《ものがたり》で、人《ひと》のように話《はな》したり動《うご》いたりする動物《どうぶつ》や人形《にんぎょう》などは「登場人物《とうじょうじんぶつ》」に含《ふく》まれます。そのため、飼《か》い犬《いぬ》のレオは登場人物《とうじょうじんぶつ》に入《はい》ります。登場人物《とうじょうじんぶつ》の中《なか》で、気持《きも》ちの変化《へんか》や、心《こころ》の動《うご》きが描写《びょうしゃ》されている人物《じんぶつ》が、中心人物《ちゅうしんじんぶつ》となります。

プラス 1の11+

▼「もし～だったら」と仮定《かてい》して、想像《そうぞう》をはたらかせる問題《もんだい》です。お子《こ》さんといっしょに楽《たの》しみましょう。

ランク 1の12

【十時《じゅうじ》に、店《みせ》にいたおきゃくさん】

パンダ

【二時《にじ》に、店《みせ》にいたおきゃくさん】

ゾウ・ライオン・カバ（順不同《じゅんふどう》）

▼「時《とき》」に注目《ちゅうもく》して、物語《ものがたり》の「はじめ」と「おわり」を読《よ》み取《と》る問題《もんだい》です。「十時《じゅうじ》」「二時《にじ》」など時間《じかん》を表《あらわ》すことばに目《め》を向《む》け、そのときに登場人物《とうじょうじんぶつ》がしたこと（行動《こうどう》）を読《よ》むとよいでしょう。

ランク 1の13

1 1　**2** 2

3 ⑥　**4** ④

▼たとえば、「『足《あし》をどんと鳴《な》らしました。』」から、とらのどんな気持《きも》ちがわかる？」と問《と》いかけ、行《こう》動《どう》からわかるとらの気持《きも》ちについて考《かんが》えていくとよいでしょう。その際《さい》、とらの会話文《かいわぶん》（「　」の部分《ぶぶん》）も参考《さんこう》になります。また、きっかけを考《かんが》えるときには、対人物《たいじんぶつ》の会話文《かいわぶん》や行動《こうどう》に注目《ちゅうもく》します。とらの気持《きも》ちが変《か》わったきっかけは、子《こ》ぎつねの会話文《かいわぶん》や行動《こうどう》から探《さが》しましょう。

ランク 1の14

1 あ **ひつじ先生《せんせい》**　い **きつねの子《こ》**

2 2

3 3

4 お **つまらなそうな**　か **赤《あか》い**　き **歌《うた》いだしました**

▼**1**…「　」（かぎ）で示《しめ》された会話文《かいわぶん》の前後《ぜんご》から、だれのことばかを確《たし》かめましょう。

4…物語《ものがたり》のはじめとおわりで「きつねの子《こ》」がどのように変《か》わったかを読《よ》むことを通《とお》して、あらすじをまとめることができます。特《とく》に、「　」で示《しめ》された会話文《かいわぶん》をもとに、文章《ぶんしょう》から抜《ぬ》き出《だ》してまとめましょう。

ことばであそぼう ❶

▼口《くち》の形《かたち》を意識《いしき》しながら、くり返《かえ》し音読《おんどく》しましょう。たとえば「ま」の場合《ばあい》、「まー」と伸《の》ばして読《よ》むと「あ」の音《おん》に近《ちか》づきます。母音《ぼいん》である、あいうえおの口《くち》の形《かたち》を意識《いしき》して読《よ》むとよいでしょう。

ランク 2の1

いさましい・そそっかしい・おとなしい

▼たとえば「いさましい」などは、お子《こ》さんから「これって、どんな意味《いみ》？」と質問《しつもん》されることもあるでしょう。何《なに》ごともお子《こ》さんが質問《しつもん》してきたとき、疑問《ぎもん》をもったときが学習《がくしゅう》のチャンスになります。国語辞典《こくごじてん》を使《つか》うきっかけとして、いっしょに調《しら》べてみましょう。

ランク 2の2

くやしい・にくらしい・はずかしい

▼たとえば、「出《で》てきたことば三《みっ》つを使《つか》って、物語《ものがたり》を書《か》いてみよう」と提案《ていあん》することで、ことばの使《つか》い方《かた》まで身《み》につきます。日記《にっき》など、家庭学習《かていがくしゅう》で取《と》り入《い》れるのがおすすめです。

プラス 2の2+

▼「～しい」「～い」で終《お》わることばは形容詞《けいようし》で、物事《ものごと》の性質《せいしつ》や状態《じょうたい》を表《あらわ》します。じつに多《おお》くの形容詞《けいようし》がありますので、国語辞典《こくごじてん》を活用《かつよう》した自由研究《じゆうけんきゅう》として取《と》り組《く》むのもよいでしょう。

ランク 2の3

3 ➡ 4 ➡ 1 ➡ 2

▼「はじめ」「つぎ」「さいご」などの時間《じかん》を表《あらわ》すことばが、文《ぶん》の順序《じゅんじょ》を考《かんが》えるキーワードになります。一《いち》・二年生《にねんせい》の文章読解《ぶんしょうどっかい》では、「順序《じゅんじょ》」で読《よ》むことが、物語《ものがたり》と説明文《せつめいぶん》でのポイントになります。

ランク 2の4

1 ハルカが、［○］ 道《みち》を［　］ 歩《ある》く。［△］

2 これは、［○］ わたしの［　］ ハンカチだ。［△］

3 海《うみ》は、［○］ とても［　］ 広《ひろ》い。［△］

4 小《ちい》さな［　］ ねこが、［○］ ちょこんと［　］ すわっている。［△］

▼主語《しゅご》と述語《じゅつご》は文《ぶん》の「骨《ほね》」と呼《よ》ばれます。まず、「～が」「～は」で表《あらわ》される主語《しゅご》を見《み》つけ、次《つぎ》に述語《じゅつご》に注目《ちゅうもく》しましょう。主語《しゅご》と述語《じゅつご》が対応《たいおう》しているかどうかを確《たし》かめる方法《ほうほう》の一《ひと》つに音読《おんどく》があります。「『ハルカが』—『道《みち》を』」、「『ハルカが』—『歩《ある》く』」などのように続《つづ》けて音読《おんどく》し、つながりを確《たし》かめましょう。

ランク 2の5

1・3

▼日本語《にほんご》では、主語《しゅご》が省略《しょうりゃく》される場合《ばあい》があります。ランク2の4で使《つか》った方法《ほうほう》で、文《ぶん》ごとに、主語《しゅご》に○を、述語《じゅつご》に△をつけながら、そろっているかどうかを確《たし》かめて解《と》くとよいでしょう。

ランク 2の6

1 1

2 2

▼述語《じゅつご》から主語《しゅご》を探《さが》す問題《もんだい》です。登場人物《とうじょうじんぶつ》がホノカとリンであることを確《たし》かめた上《うえ》で、「さし出《だ》した」「歩《ある》きはじめた」のはだれかを考《かんが》えてみましょう。

ランク 2の7

1 リクが、［　］ おにぎりを［○］ 食《た》べる。［　］

2 犬《いぬ》が、［　］ さくを［○］ とびこえた。［　］

3 強《つよ》い［　］ 風《かぜ》が、［　］ 子《こ》どもの［　］ ぼうしを［○］ とばす。［　］

4 力《ちから》を合《あ》わせて、［　］ さつまいもを［○］ たくさん［　］ ほった。［　］

▼文《ぶん》の中《なか》から主語《しゅご》と述語《じゅつご》を見《み》つけ、たとえば「風《かぜ》が、何《なに》をとばす?」と問《と》いの文《ぶん》をつくって、「〜を」に当《あ》てはまることば（目的語《もくてきご》）を見《み》つけましょう。

ランク2の8

2・9

▼気持《きも》ちを表《あらわ》すことばと、文《ぶん》の終《お》わり（文末《ぶんまつ》）に注目《ちゅうもく》しましょう。文中《ぶんちゅう》に「楽《たの》しい」「悲《かな》しい」などの気持《きも》ちを表《あらわ》すことばが含《ふく》まれていたり、文末《ぶんまつ》に「〜と思《おも》います。」「〜と考《かんが》えます。」と書《か》かれていたりする場合《ばあい》は、感想《かんそう》（意見《いけん》を含《ふく》む）です。この文章《ぶんしょう》には、事実《じじつ》と感想《かんそう》がまじって書《か》かれています。

プラス2の8+

▼テレビなどでよく目《め》にする「食《しょく》レポ」は、事実《じじつ》と感想《かんそう》で構成《こうせい》されています。例《れい》に挙《あ》げたプリンのように、「事実《じじつ》→感想《かんそう》」の順《じゅん》でまずは取《と》り組《く》んでみましょう。お子《こ》さんが書《か》くことに難《むずか》しさを感《かん》じている場合《ばあい》、話《はな》してみてから書《か》くようにするとよいでしょう。

ランク2の9

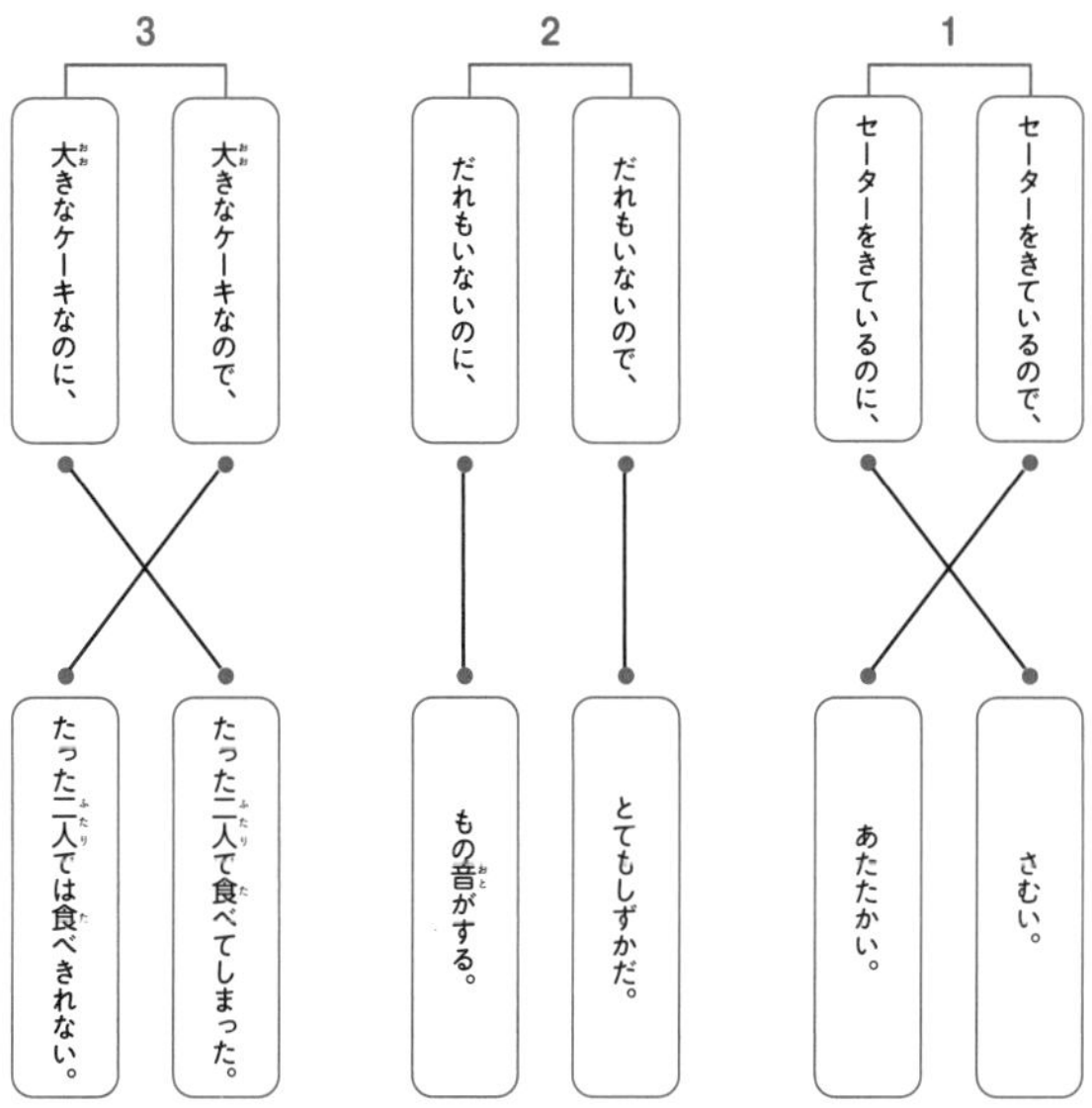

▼正《ただ》しさを確《たし》かめる方法《ほうほう》の一《ひと》つに、音読《おんどく》があります。上《うえ》と下《した》のことばをつなげ、声《こえ》に出《だ》して読《よ》むとよいでしょう。

ランク2の10

2

▼「だから」の前《まえ》で、北極星《ほっきょくせい》を「一《ひと》つだけ、一年中《いちねんじゅう》ほとんど見《み》え方《かた》がかわらず、うごかないように見《み》える星《ほし》」だと紹介《しょうかい》しています。このことが「わけ（理由《りゆう》）」になっている、つながりのある文《ぶん》を探《さが》します。2の「方角《ほうがく》を知《し》るのにつかうことができます。」が当《あ》てはまります。

ランク2の11

3

▼逆接《ぎゃくせつ》「だけど」のはたらきに関《かん》する問題《もんだい》です。後《あと》の文《ぶん》に、「ユウキは、いすからとび上《あ》がるようにして立《た》つと、いそいでじゅんびをはじめました。」とあります。それと逆《ぎゃく》の内容《ないよう》を言《い》い表《あらわ》している、おじいさんの会話文《かいわぶん》に注目《ちゅうもく》してみましょう。すると、「ゆっくりしていきなさい。」という、3の内容《ないよう》が当《あ》てはまります。

ランク2の12

あ から　い けど

▼接続語《せつぞくご》のはたらきを考《かんが》える場合《ばあい》には、前後《ぜんご》の関係《かんけい》をつかむとよいです。たとえば、「さむくなってきた」と「まどをしめて」の場合《ばあい》、「まどをしめて」ほしいのは、「さむくなってきた」という「わけ（理由《りゆう》）」があるためです。そのため、「〜から」が入《はい》ることになります。「少《すこ》しさむい」と「まどをあけておこうか」は、前後《ぜんご》の関係《かんけい》もですが、「わたし、このピアノをもうちょっと聞《き》いていたいな」

という会話文《かいわぶん》からも「〜けど」が入《はい》ることになります。

ランク 2の13

2

▼文章《ぶんしょう》と図《ず》を互《たが》いに確《たし》かめながら読《よ》む問題《もんだい》です。本《ほん》屋《や》さんとめがね屋《や》さんの場所《ばしょ》（位置《いち》）がポイントになります。文章《ぶんしょう》と図《ず》が対応《たいおう》する箇所《かしょ》に線《せん》を引《ひ》くなど、印《しるし》をつけながら読《よ》むといいでしょう。また、「カーネーションを買《か》ったことがある」など、図《ず》と関係《かんけい》のない文《ぶん》を消《け》していくと、わかりやすくなります。

ランク 2の14

1 図《ず》②…3　図《ず》③…2

図《ず》④…1

2 2

3 1 ねじれたゴムが元《もと》にもどる

2 のびたゴムがちぢむ

4 つぎに・さいごに

▼おもちゃの作《つく》り方《かた》や調理《ちょうり》の仕方《しかた》などを説明《せつめい》する文《ぶん》章《しょう》は、日常生活《にちじょうせいかつ》でもよく目《め》にします。これらの文《ぶん》章《しょう》を正《ただ》しく理解《りかい》する手《て》がかりになるのが、いっしょに示《しめ》されている図《ず》や写真《しゃしん》です。また、「はじめに」「つぎに」などの順序《じゅんじょ》を表《あらわ》すことばに注目《ちゅうもく》することも、文章《ぶんしょう》を正《ただ》しく理解《りかい》するのに役立《やくだ》ちます。

1では、文章《ぶんしょう》を読《よ》んで、その内容《ないよう》を表《あらわ》した図《ず》はどれか、**4**では、文章中《ぶんしょうちゅう》の順序《じゅんじょ》を表《あらわ》すことばを問《と》うています。**2**や**3**の問題《もんだい》では、文章《ぶんしょう》から内容《ないよう》を正《ただ》しく読《よ》み取《と》ることができるかを問《と》うています。

実際《じっさい》に作《つく》ってみることで、文章《ぶんしょう》を正《ただ》しく理解《りかい》しているかどうかを確《たし》かめることもできます。作《つく》ることによって、順序《じゅんじょ》を表《あらわ》すことばに注目《ちゅうもく》すること、文章《ぶんしょう》と図《ず》を互《たが》いに確《たし》かめることの必要《ひつよう》が自然《しぜん》と生《う》まれます。

ランク 3の1

（今《いま》は、）五《ご》（月《がつ》）十三《じゅうさん》（日《にち》の）四《よ》（時《じ》）

▼ランク1の4と関連《かんれん》する、同《おな》じ仲間《なかま》のことば（きょう—あした—あさって）が、問題《もんだい》を解《と》くかぎとなります。あさってが運動会《うんどうかい》であること、その運動《うんどう》会《かい》が五月十五日《ごがつじゅうごにち》であることから、きょうが五月《ごがつ》十三日《じゅうさんにち》であることがわかります。

ランク 3の2

公園《こうえん》→市場《いちば》→おばあさんの家《いえ》

▼「場所《ばしょ》」を観点《かんてん》に、中心人物《ちゅうしんじんぶつ》のねずみさんの行動《こうどう》が描《えが》かれている場面《ばめん》のようすを読《よ》む問題《もんだい》です。場《ば》面《めん》のようすを読《よ》み取《と》るためには、時《とき》、場所《ばしょ》、人物《じんぶつ》の行動《こうどう》をつかむことが大切《たいせつ》です。

ランク 3の3

3→1→4→2

▼たとえば、「最初《さいしょ》（最後《さいご》）の文《ぶん》はどれ？」「どこでわかる？」と問《と》いかけながら、最初《さいしょ》と最後《さいご》の文《ぶん》から選《えら》んでいきましょう。

「そのつぎの日《ひ》から」で時間《じかん》が変化《へんか》していることと、「げんかん」から「まどの近《ちか》く」へと場所《ばしょ》が変化《へんか》していること、さらには、ヒヤシンスの芽《め》が「白《しろ》」から「みどり色《いろ》」へと変化《へんか》していることから、順序《じゅんじょ》を読《よ》み取《と》ることができます。

ランク 3の4

1 ふるだろう。

2 読《よ》んでいた。

3 できあがりそうだ。

4 来《き》た。

▼時間《じかん》によって、文《ぶん》の終《お》わり（文末《ぶんまつ》）の表現《ひょうげん》がどのように変《か》わるかを問《と》うています。過去《かこ》のことは、「～た」「～だった」で表《あらわ》します。一方《いっぽう》、未来《みらい》のことは、「だろう」「そうだ」などを使《つか》って表《あらわ》します。

プラス 3の4+

▼文《ぶん》づくりを通《とお》して、「～した」などの起《お》きたこと（過去《かこ》）と、「～たい」などのまだ起《お》きていないこと（未来《みらい》）の使《つか》い分《わ》けを扱《あつか》った問題《もんだい》です。ほかに「晴《は》れるだろう」などの表現《ひょうげん》も、文《ぶん》の中《なか》で使《つか》うことができるようにしましょう。

ランク 3の5

1 赤《あか》い　2 つめたくて

3 あつい　4 とんで

▼「（まるで）～のような」「～ようだ」などの比喩《ひゆ》は、物事《ものごと》を別《べつ》の何《なに》かに見立《みた》て、たとえる表現《ひょうげん》です。比喩《ひゆ》を使《つか》うことで、理解《りかい》しにくい物事《ものごと》がわかりやすくなったり、イメージしやすくなったりする効《こう》果《か》があります。

ランク 3の6

1 トランプ（の）ハート（のような形《かたち》）

2 わたあめ・キャラメル

▼「まるで～のような」といった比喩表現《ひゆひょうげん》に注目《ちゅうもく》して読《よ》み取《と》る問題《もんだい》です。文章《ぶんしょう》に印《しるし》をつけながら読《よ》んでいくとよいでしょう。

ランク 3の7

1 くだもの

2 うめぼし・レモン（順不同《じゅんふどう》）

3 イタリア・ブラジル（順不同《じゅんふどう》）

4 どうぶつ・きりん・ぞう

（きりん・ぞうは順不同《じゅんふどう》）

▼具体例《ぐたいれい》を示《しめ》す「たとえば」のことばのはたらきを扱《あつか》った問題《もんだい》です。「たとえば」によって、自分《じぶん》が伝《つた》えたいことを、よりくわしく相手《あいて》に伝《つた》えることができます。

ランク 3の8

1 えんぴつ・ノート・文《ぶん》ぼうぐ

（えんぴつ・ノートは順不同《じゅんふどう》）

2 牛《ぎゅう》にゅう・チーズ・ヨーグルト

（チーズ・ヨーグルトは順不同《じゅんふどう》）

3 子《こ》ども・ないた赤《あか》おに・人魚《にんぎょ》ひめ・どうわ

（ないた赤《あか》おに・人魚《にんぎょ》ひめは順不同《じゅんふどう》）

▼言《い》い換《か》え「つまり」のことばのはたらきを扱《あつか》った問題《もんだい》です。たとえば、「文房具《ぶんぼうぐ》」に対《たい》して「えんぴつ」「ノート」などのように、ランク1の4「同《おな》じなかまのことば」で学習《がくしゅう》した考《かんが》え方《かた》が関《かか》わってきます。

ランク 3の9

1

▼文章《ぶんしょう》を「はじめ―なか―おわり」に分《わ》けて読《よ》むことによって、文章《ぶんしょう》のつながりや書《か》き手《て》の意図《いと》を正確《せいかく》につかむことができます。「はじめ―なか―おわり」といった文章構成《ぶんしょうこうせい》の読《よ》み方《かた》は、中学年《ちゅうがくねん》（三《さん》・四年生《よねんせい》）にかけて、特《とく》に重要《じゅうよう》です。この問《もん》題《だい》では、本文《ほんぶん》の下《した》に説明《せつめい》をつけています。説明《せつめい》を読《よ》み、ランク3の10からランク3の12の問題《もんだい》も考《かんが》えていきましょう。

ランク3の10

2

▼「はじめ—なか—おわり」に分《わ》けて読《よ》むときは、まず問《と》いと答《こた》えに注目《ちゅうもく》しましょう。この文章《ぶんしょう》では、段落《だんらく》①に問《と》いが二《ふた》つあります。「いつごろからつかわれているのでしょう。」と「どのようにしてつくられるのでしょうか。」です。段落《だんらく》②で一《ひと》つ目《め》の問《と》いである「いつごろからつかわれているのでしょう。」について、段落《だんらく》③で二《ふた》つ目《め》の問《と》い「どのようにしてつくられるのでしょうか。」について説明《せつめい》し、答《こた》えを示《しめ》しています。段落《だんらく》④では「このように」と文章全体《ぶんしょうぜんたい》をまとめ、「日本各地《にほんかくち》で、さまざまなくふうがされ、今《いま》もつかわれつづけている」ことが述《の》べられています。つまり、問《と》いのある段落《だんらく》①が「はじめ」、問《と》いに対《たい》する答《こた》えの書《か》かれている段落《だんらく》②③が「なか」、まとめのある段落《だんらく》④が「おわり」となります。

ランク3の11

1

▼段落《だんらく》①に問《と》いが二《ふた》つあります。「どんな行事《ぎょうじ》があるでしょう。」「人《ひと》びとのどんな気《き》もちがこめられているのでしょう。」です。段落《だんらく》②で七夕《たなばた》のこと、「きせつのかわり目《め》（節句《せっく》）をおいわいする行事《ぎょうじ》」であることが、段落《だんらく》③で十五夜《じゅうごや》のこと、「秋《あき》のしゅうかくをおいわいする行事《ぎょうじ》」であることが、段落《だん》落《らく》④で七五三《しちごさん》のこと、「ぶじにそだってくれたことをかんしゃし、これからのけんこうをねがう行《ぎょう》事《じ》」であることが書《か》かれています。この文章《ぶんしょう》が、ランク3の10の文章《ぶんしょう》と異《こと》なるのは、段落《だんらく》①で書《か》かれた二《ふた》つの問《と》いに対《たい》して、それぞれの段落《だんらく》で答《こた》えがまとめて書《か》かれていることです。たとえば、段《だん》落《らく》②では七夕《たなばた》の行事《ぎょうじ》を取《と》り上《あ》げ、七夕《たなばた》にこめられた人々《ひとびと》の気持《きも》ちが示《しめ》されています。段落《だんらく》⑤では「このように」として段落《だんらく》②～④をまとめ、「みなさんのまわりには」と呼《よ》びかけで終《お》わっています。つまり、段落《だんらく》①が「はじめ」、段落《だんらく》②～④が「なか」、段落《だんらく》⑤が「おわり」となります。問《と》いと答《こた》えに注《ちゅう》目《もく》して分《わ》けるとよいでしょう。

ランク3の12

1 やさい　**2** ね　**3** しゅるい

▼文章《ぶんしょう》を「はじめ—なか—おわり」に分《わ》けて読《よ》み、内容《ないよう》を表《ひょう》にまとめる問題《もんだい》です。読《よ》み取《と》って表《ひょう》にまとめる際《さい》、気《き》をつけたいのが、ことばの抜《ぬ》き出《だ》し方《かた》です。基本的《きほんてき》に、文章中《ぶんしょうちゅう》から、そっくりそのまま抜《ぬ》き出《だ》して書《か》くようにします。

ランク3の13

2

▼「なか」と「おわり」のつながりを扱《あつか》った問題《もんだい》です。「なか」で書《か》かれた内容《ないよう》を受《う》けて、「おわり」の部分《ぶぶん》でまとめます。選択肢《せんたくし》1は「どんな形《かたち》になってもお米《こめ》のあじがします。」と書《か》かれています。つまり、その前《まえ》の段落《だんらく》までで「形《かたち》」と「味《あじ》」が話題《わだい》となって内容《ないよう》が述《の》べられている必要《ひつよう》がありますが、述《の》べられていません。3は「みんなが大《だい》すきな食《た》べものなのです。」と書《か》かれていますから、その前《まえ》の段落《だんらく》までで「みんなが大《だい》すきな食《た》べもの」であることの根拠《こんきょ》となる内容《ないよう》が述《の》べられている必要《ひつよう》がありますが、述《の》べられていません。そのため、1と3は不正解《ふせいかい》となります。2は、「いろいろな食《た》べものの、もとになっているのです。」とあります。つまり、「元《もと》になっている」ことが話題《わだい》となって、その前《まえ》の段落《だんらく》までで述《の》べられている必要《ひつよう》があります。ここでは「おせんべい」「白《しら》玉《たま》」などが具体例《ぐたいれい》として挙《あ》げられ、述《の》べられていますから、2が正答《せいとう》となります。

ランク3の14

1 ほたる／ほたるの一生《いっしょう》
（どちらでも正解《せいかい》）

2 2

3 12

4 1 四月《しがつ》　2 よう虫《ちゅう》　3 さなぎ　4 黄色《きいろ》　5 地上《ちじょう》

▼1で話題《わだい》、2で「問《と》い」と「答《こた》え」、3で「はじめ―なか―おわり」、4で時《とき》の順序《じゅんじょ》に合《あ》わせた文《ぶん》章内容《しょうないよう》の読《よ》み取《と》りを扱《あつか》った、総合問題《そうごうもんだい》（説明文《せつめいぶん》）となっています。段落番号《だんらくばんごう》を書《か》いてから取《と》り組《く》むようにしましょう。一文字下《いちもじさ》がったところが段落《だんらく》の始《はじ》まりです。

1…「話題《わだい》」については、題名《だいめい》に注目《ちゅうもく》しましょう。題名《だいめい》から「ほたる（の一生《いっしょう》）」について書《か》かれていることがわかります。

2…文《ぶん》の終《お》わり（文末《ぶんまつ》）が「～でしょうか」「～でしょう」と疑問文《ぎもんぶん》になっている文《ぶん》がないか、読《よ》んで調《しら》べてみましょう。段落《だんらく》2に「ほたるは、なんのために光《ひか》り、どのように一生《いっしょう》をすごすのでしょうか。」とありますから、段落《だんらく》2が正答《せいとう》となります。

3…段落《だんらく》のはじめに「このように」がないので、気《き》をつけて内容《ないよう》を押《お》さえていく必要《ひつよう》があります。段落《だんらく》12に「このようにして」ということばがあります。これは、直前《ちょくぜん》までの内容《ないよう》を受《う》け、まとめたことばです。ここから、段落《だんらく》12がまとめの役割《やくわり》をしていることがわかります。

4…「時《とき》（いつ）」でまとめられた表《ひょう》に合《あ》わせて、内容《ないよう》を読《よ》み取《と》る問題《もんだい》です。「七月《しちがつ》のはじめごろ」「一《いっ》か月後《げつご》」などの時《とき》を表《あらわ》すことばに注目《ちゅうもく》しながら文章《ぶんしょう》を読《よ》みましょう。ことばを抜《ぬ》き出《だ》す際《さい》は、そっくりそのまま抜《ぬ》き出《だ》します。

ことばであそぼう❷

2 星

3 答

4 鳴

5 細

▼すべて二年生《にねんせい》で学習《がくしゅう》する漢字《かんじ》です。ここで取《と》り上《あ》げた五《いつ》つの漢字《かんじ》は、漢字《かんじ》の部分《ぶぶん》と部分《ぶぶん》が組《く》み合《あ》わさってできる「会意文字《かいいもじ》」です。漢字《かんじ》の成《な》り立《た》ちは四種類《よんしゅるい》あり、ほかに象形文字《しょうけいもじ》、指事文字《しじもじ》、形声《けいせい》文字《もじ》があります。お子《こ》さんとパズル感覚《かんかく》で楽《たの》しんでみてください。

ランク4の1

2

▼「わけ（理由《りゆう》）」を示《しめ》す「なぜなら」のことばのはたらきを扱《あつか》った問題《もんだい》です。「なぜなら」の前後《ぜんご》で共通《きょうつう》する内容《ないよう》に目《め》を向《む》けてみましょう。「なぜなら」の前《まえ》では「体《からだ》の色《いろ》がいろいろにえがかれている」こと、後《あと》の部分《ぶぶん》では「こんな色《いろ》だったのではないか」と、いずれも「色《いろ》」について取《と》り上《あ》げています。そのため、正答《せいとう》は「色《いろ》」について書《か》かれた2になります。

ランク4の2

6

▼「～からです」のように、「わけ（理由《りゆう》）」が書《か》かれている箇所《かしょ》に注目《ちゅうもく》して読《よ》みましょう。「本当《ほんとう》は」も、たぬきのはなの先《さき》が、少《すこ》し赤《あか》くなった理由《りゆう》をとらえることばになります。

ランク 4の3

いけんを書《か》いた文《ぶん》は　2・4

かんそうを書《か》いた文《ぶん》は　1・3

▼意見《いけん》は、物事《ものごと》について自分《じぶん》の考《かんが》えを述《の》べること、感想《かんそう》は、物事《ものごと》について心《こころ》で感《かん》じたことや思《おも》ったことをいいます。ここでは、1「うれしくなります。」や、3「かなしい気分《きぶん》になりました。」は、心《こころ》で感《かん》じたことですから、感想《かんそう》となります。2「わるいことです。」や、4「よいと考《かんが》えました。」は、判断《はんだん》として自分《じぶん》の考《かんが》えを表《あらわ》していますから、意見《いけん》となります。

ランク 4の4

2・5

▼1は「いけんのある人《ひと》はいますか。」と、司会者《しかいしゃ》として意見《いけん》を求《もと》めています。3は「すき」と感想《かんそう》を、4は「もし〜だったら、できない」という仮《か》定《てい》を使《つか》って予想《よそう》される事柄《ことがら》を、6は「どうしますか」という疑問《ぎもん》になります。2は「いいと考《かんが》えます」という意見《いけん》、5は「どうですか」という意見《いけん》（提案《ていあん》）になります。

プラス 4の4+

▼まず「さんせい」と「はんたい」、どちらの立場《たちば》かを決《き》めましょう。その上《うえ》で、どうしてそう考《かんが》えたのか「わけ（理由《りゆう》）」を書《か》いていきます。理由《りゆう》には、自分《じぶん》だけでなく、多《おお》くの人《ひと》はこのようにする（行動《こうどう》）と考《かんが》えられるなど、他人《たにん》の立場《たちば》も取《と》り入《い》れて書《か》くことができるとよいでしょう。

ランク 4の5

六《ろく》（月《がつ》）十五《じゅうご》（日《にち》の、）図工《ずこう》（の時間《じかん》に）

ペン立《た》て（をつくります。）

（家《いえ》から、）牛《ぎゅう》にゅうパック※（、）はさみ※（、）おり紙《がみ》※（、）のり※（をわすれずにもってきてください。）（※の四《よっ》つは順不同《じゅんふどう》）

▼メモから必要《ひつよう》な情報《じょうほう》を取《と》り出《だ》し、文章《ぶんしょう》にまとめる問題《もんだい》です。文章《ぶんしょう》とメモ、二《ふた》つの情報《じょうほう》を結《むす》びつけて考《かんが》える必要《ひつよう》があります。文章中《ぶんしょうちゅう》の「つくります」「もってきてください」に気《き》をつけ、メモから抜《ぬ》き出《だ》すようにしましょう。

ランク 4の6

［話《はな》してくれた人《ひと》の名前《なまえ》］小林《こばやし》（「小林《こばやし》さん」も正解《せいかい》）

［どんなしごとの人《ひと》］お花《はな》やさん

［いそがしいきせつ］春《はる》

［そのきせつは、なぜいそがしいのか］

お花《はな》をちゅうもんする人《ひと》がふえるから

［たいへんなこと（二《ふた》つ）］

手《て》がつめたくなる・重《おも》いものをもつ

［うれしいこと］

おきゃくさんがよろこんでくれる

▼インタビューの文章《ぶんしょう》から必要《ひつよう》な情報《じょうほう》を抜《ぬ》き出《だ》し、メモにまとめる問題《もんだい》です。ここでは、メモの観点《かんてん》（「話《はな》してくれた人《ひと》の名前《なまえ》」「たいへんなこと（二《ふた》つ）」など）をもとに文章《ぶんしょう》を読《よ》み、ことばを抜《ぬ》き出《だ》すようにします。

ランク 4の7

1　なぜ・なくては

2　しまう・少《すこ》し・ください

3　たくさん・のでは

▼話《はな》しことばから書《か》きことばへ言《い》い換《か》える問題《もんだい》です。「『なんで』『ちょっと』を言《い》い換《か》えると、どれになるかな？」と問《と》いかけながら、同《おな》じ意味《いみ》を表《あらわ》すことばを考《かんが》えていきましょう。

ランク4の8

1

▼「合《あ》わないもの」であることに注意《ちゅうい》しましょう。

ここでは1が正答《せいとう》になります。「イチベエさん」「まっくらな夜道《よみち》」という箇所《かしょ》は、文章《ぶんしょう》と合《あ》っていますが、「見《み》た」ということは本文《ほんぶん》に書《か》いておらず、内容《ないよう》が合《あ》いません。

ランク4の9

3

▼1は、「りょうしにつかまってしまったこと」は「ねずみを食《た》べようとする」ことのきっかけになっておらず、本文《ほんぶん》の内容《ないよう》と合《あ》いません。つまり、順序《じゅんじょ》が異《こと》なってまとめられています。

2は、「ねずみをばかにする」という部分《ぶぶん》が本文《ほんぶん》の内容《ないよう》と合《あ》っていません。本文《ほんぶん》の結末《けつまつ》では「ねずみをばかにしたことをあやまりました。」と書《か》かれていますが、「食《た》べるのをやめた」から「ばかにした」というわけではありません。

プラス4の9+

▼読書感想文《どくしょかんそうぶん》の学習《がくしゅう》につながる内容《ないよう》です。読書《どくしょ》ノートをつくったり、読書《どくしょ》の記録《きろく》をつけられるアプリを活用《かつよう》したりするなどして、読書《どくしょ》を積《つ》み重《かさ》ねていきましょう。読書《どくしょ》は、語彙《ごい》を豊《ゆた》かにする方法《ほうほう》の一《ひと》つです。

ランク4の10

【いつ】八月《はちがつ》（の）ある日《ひ》（、）
【どこで】海《うみ》（で）
【だれが】ハヤト（が）
【どうした】およいだ（。）

▼文章から時（いつ）、場所（どこで）、人物（だれが）、行動《こうどう》（どうした）を抜《ぬ》き出《だ》す問題《もんだい》です。時《とき》、場所《ばしょ》、人物《じんぶつ》を「設定《せってい》」といいます。物語《ものがたり》の読解《どっかい》の基礎《きそ》となる内容《ないよう》を取《と》り入《い》れています。

ランク4の11

【だれは】かわうそ（は）
【なぜ】さびしく（なったので、）
【どうした】なきだしました（。）

▼かわうそが泣《な》き出《だ》してしまった「わけ（理由《りゆう》）」について書《か》かれているのが、直前《ちょくぜん》の「かわうそは、きゅうに、さびしくなりました。」の部分《ぶぶん》になります。それ以前《いぜん》の文章《ぶんしょう》では、かわうそのしたこと（行動《こうどう》）が中心《ちゅうしん》に展開《てんかい》されています。

ランク4の12

1 2
2 1

▼二《ふた》つの文章《ぶんしょう》（連続型《れんぞくがた》テキスト）を読《よ》み比《くら》べる問題《もんだい》です。情報《じょうほう》を比較《ひかく》し、取《と》り出《だ》すことが求《もと》められます。

1…どちらにもつけることができる題名《だいめい》（タイトル）が問《と》われています。二《ふた》つの文章《ぶんしょう》に共通《きょうつう》することばに注目《ちゅうもく》して探《さが》してみましょう。ここでは「おたまじゃくし」が当《あ》てはまります。

2…どちらの内容《ないよう》にも合《あ》わないものが問《と》われています。2は《文《ぶん》しょう❶》、3は《文《ぶん》しょう❷》、4は《文《ぶん》しょう❶》の内容《ないよう》に当《あ》てはまります。1は「かえる」の部分《ぶぶん》が《文《ぶん》しょう❶》と当《あ》てはまりますが、「おわんの形《かたち》ににている、丸《まる》い」の部分《ぶぶん》は《文《ぶん》しょう❷》の内容《ないよう》であり、二《ふた》つの文章《ぶんしょう》の内容《ないよう》がごちゃまぜになって書《か》かれています。

ランク4の13

1 ㋔

2 ㋐

3 ㋓

▼文章《ぶんしょう》（連続型《れんぞくがた》テキスト）と図《ず》（非連続型《ひれんぞくがた》テキスト）を互《たが》いに確《たし》かめながら読《よ》み、情報《じょうほう》を取《と》り出《だ》す必要《ひつよう》がある問題《もんだい》になっています。ランク2の14の発展《はってん》問題《もんだい》になります。実際《じっさい》に図《ず》をなぞりながら読《よ》んでいくとよいでしょう。

ランク4の14

1 **こおろぎ・ひよこ・ねこ・犬《いぬ》・たろう**（順《じゅん》不《ふ》同《どう》）

2 **2**

3 ㋓ **ねこ**

㋔ **たろう**

4 ㋕ **ひとりぼっちじゃ、つまんないなあ。**

㋖ **たろう**

㋗ **ともだち**

5 **（省略《しょうりゃく》）**

▼**1**で登場人物《とうじょうじんぶつ》、**2**で人物《じんぶつ》の行動《こうどう》をもとにした気持《きも》ちの読《よ》み取《と》り、**3**で会話文《かいわぶん》、**4**で人物《じんぶつ》の変化《へんか》を中《ちゅう》心《しん》にしたあらすじ、**5**で感想《かんそう》のまとめを扱《あつか》った、長文総合問題《ちょうぶんそうごうもんだい》（物語《ものがたり》）となっています。

1…話《はな》したり（会話文《かいわぶん》）、行動《こうどう》したりするのが登《とう》場人物《じょうじんぶつ》に当《あ》てはまります。**3**の問題《もんだい》とも関連《かんれん》しますが、「　」（かぎ）で示《しめ》された会話文《かいわぶん》が、だれのことばなのかを中心《ちゅうしん》に考《かんが》えていくとよいでしょう。

2…㋐〜㋒で示《しめ》された人物《じんぶつ》の行動《こうどう》が、どのような気持《きも》ちを表《あらわ》しているか、その共通性《きょうつうせい》を問《と》うています。㋐〜㋒の三《みっ》つの情報《じょうほう》を比《くら》べる必要《ひつよう》がありますから、より高度《こうど》な読解《どっかい》が求《もと》められます。「ぷうっと、はねをふくらませて」「しっぽを立《た》てて」「はをむき出《だ》して」といった、それぞれの行動《こうどう》に注目《ちゅうもく》するとよいでしょう。また、それぞれの行動《こうどう》の次《つぎ》に「　」で示《しめ》されている会話文《かいわぶん》も参考《さんこう》になります。

4…中心人物《ちゅうしんじんぶつ》「こおろぎ」の「はじめ」と「おわり」に注目《ちゅうもく》しましょう。文章《ぶんしょう》と読《よ》み比《くら》べながら、当《あ》てはまる内容《ないよう》を抜《ぬ》き出《だ》すとよいでしょう。

5…感想《かんそう》をまとめます。「いいなあ。」と思《おも》ったところは、つい、多《おお》くの箇所《かしょ》に線《せん》を引《ひ》いてしまうことがあります。その場合《ばあい》、一文《いちぶん》を抜《ぬ》き出《だ》して線《せん》を引《ひ》くようにするとよいでしょう。理由《りゆう》を書《か》くときには、プラス4の4+で学習《がくしゅう》した「なぜなら」「どうしてかというと」の書《か》き出《だ》しを使《つか》って、まとめていくとよいでしょう。

プラス4の14+

▼登場人物《とうじょうじんぶつ》の会話文《かいわぶん》を入《い》れるという条件《じょうけん》が入《はい》っています。会話文《かいわぶん》を書《か》く場合《ばあい》には、

① 行《ぎょう》をかえて、ますを空《あ》けずに書《か》き始《はじ》める。

② 「　」（かぎ）が二行以上《にぎょういじょう》になる場合《ばあい》、一文字《いちもじ》下《さ》げて、ことばの先頭《せんとう》にそろえて書《か》き続《つづ》ける。

の二点《にてん》に気《き》をつけます。楽《たの》しいお話《はなし》づくりにしましょう。

また、「　」を使《つか》った会話文《かいわぶん》を、日記《にっき》や作文《さくぶん》に取《と》り入《い》れることで、場面《ばめん》のようすが読《よ》み手《て》に、より伝《つた》わりやすくなります。

ことばであそぼう③

▼国語辞典遊《こくごじてんあそ》びの内容《ないよう》です。実際《じっさい》には、国語辞典《こくごじてん》の学習《がくしゅう》は三年生《さんねんせい》からになりますが、家庭学習《かていがくしゅう》や遊《あそ》びに取《と》り入《い》れるなどして、親《した》しんでおくとよいでしょう。